Thomas Auchter

Trauer

Viele Begriffe, die wir aus der Psychoanalyse kennen, blicken auf eine lange Geschichte zurück und waren zum Teil schon vor Freuds Zeit ein Thema. Einige Begriffe haben längst den Weg aus der Fachwelt hinaus in die Umgangssprache gefunden. Alle diese Begriffe stellen heute nicht nur für die Psychoanalyse, sondern auch für andere Therapieschulen zentrale Bezugspunkte dar.

Die Reihe »Analyse der Psyche und Psychotherapie« greift grundlegende Konzepte und Begrifflichkeiten der Psychoanalyse auf und thematisiert deren jeweilige Bedeutung für und ihre Verwendung in der Therapie. Jeder Band vermittelt in knapper und kompetenter Form das Basiswissen zu einem zentralen Gegenstand, indem seine historische Entwicklung nachgezeichnet und er auf dem neuesten Stand der wissenschaftlichen Diskussion erläutert wird.

Alle Autorinnen und Autoren sind ausgewiesene Fachleute auf ihrem Gebiet und können aus ihren langjährigen Erfahrungen in Klinik, Forschung und Lehre schöpfen. Die Reihe richtet sich in erster Linie an Psychotherapeutinnen und -therapeuten aller Schulen, aber auch an Studierende in Universität und Therapieausbildung.

Bereits erschienen sind:

Band 1 Mathias Hirsch: Trauma. 2011.
Band 2 Günter Gödde, Michael B. Buchholz: Unbewusstes. 2011.
Band 3 Wolfgang Berner: Perversion. 2011.
Band 4 Hans Sohni: Geschwisterdynamik. 2011.
Band 5 Joachim Küchenhoff: Psychose. 2012.
Band 6 Benigna Gerisch: Suizidalität. 2012.
Band 7 Jens L. Tiedemann: Scham. 2013.
Band 8 Ilka Quindeau: Sexualität. 2014.
Band 9 Angelika Ebrecht-Laermann: Angst. 2014.
Band 10 Hans-Dieter König: Affekte. 2014.
Band 11 Bernhard Strauß: Bindung. 2014.
Band 12 Ludwig Janus: Geburt. 2015.
Band 13 Jürgen Grieser: Triangulierung. 2015.
Band 14 Bernd Nissen: Hypochondrie. 2015.
Band 15 Roland Voigtel: Sucht. 2015.
Band 16 Joachim Küchenhoff: Depression. 2017.
Band 17 Diana Pflichthofer: Trennungen. 2017.
Band 18 Gianluca Crepaldi: Containing. 2018.

Band 19 **Analyse der Psyche und Psychotherapie**

Thomas Auchter

Trauer

Psychosozial-Verlag

Für meinen Bruder Martin (1953–2018)

Bibliografische Information der Deutschen Nationalbibliothek
Die Deutsche Nationalbibliothek verzeichnet diese Publikation in der Deutschen Nationalbibliografie; detaillierte bibliografische Daten sind im Internet über http://dnb.d-nb.de abrufbar.

2. Auflage 2026

Gesetzlich vertreten durch die persönlich haftende Gesellschaft Wirth GmbH,
Geschäftsführer: Johann Wirth
Walltorstr. 10, 35390 Gießen, Deutschland
06 41 96 99 78 0
info@psychosozial-verlag.de
www.psychosozial-verlag.de

Umschlaggestaltung & Innenlayout nach Entwürfen
von Hanspeter Ludwig, Wetzlar
Satz: metiTec-Software, me-ti GmbH, Berlin
www.me-ti.de
Druck und Bindung: Druckhaus Bechstein GmbH,
Willy-Bechstein-Straße 4, 35576 Wetzlar, Deutschland
Printed in Germany

ISBN 978-3-8379-2662-0 (Print)
ISBN 978-3-8379-7454-6 (PDF-E-Book)
ISSN 2943-6222 (Print)
ISSN 2943-6230 (Digital)

Inhalt

Einleitung

> »Wir alle trauern: C'est la condition humaine.«
>
> *Henri Parens, 2001*

> »Alles hat seine bestimmte Stunde, jedes Ding unter dem Himmel hat seine Zeit. [...] Weinen hat seine Zeit, und Lachen hat seine Zeit. Klagen hat seine Zeit, und Tanzen hat seine Zeit.«
>
> *Kohelet, ca. 1000 v. Chr.*

Ein Leben ohne Trauer ist in der Fantasie vorstellbar, hält aber keiner Realitätsprüfung stand, denn kein menschliches Leben bleibt von Veränderungen, Trennungen, Verlusten und Verzichten verschont. Von Lebensbeginn an sind wir jede Sekunde unseres verrinnenden Lebens mit Abschied und Neubeginn beschäftigt. Lebenslang sind wir, um mit Marcel Proust zu sprechen, »auf der Suche nach der verlorenen Zeit« (1913/1927).

Alle Menschen kennen die Erfahrung vorübergehenden Traurigseins, das aber irgendwann wieder zu Ende geht. Einige Menschen jedoch leiden unter einer Trauer, aus der keine Befreiung möglich und die kein Ende zu finden scheint. Und dann gibt es noch das, was man als »existentielle Trauer« bezeichnen könnte. Der Literaturwissenschaftler und Philosoph George Steiner (2006) versucht, sich in einem geistvollen Essay der ebenso fundamentalen wie unvermeidlichen Traurigkeit des Homo sapiens anzunähern. Zu den zehn möglichen Gründen für die unabwendbare »Schwere des Herzens«, die »unzerstörbare Melancholie« des reflektierenden Menschen zählt Steiner den Zweifel, die tiefe Unfähigkeit, »wirklich« zu erkennen, das letztendliche Unvermögen, das Erkannte in Worte zu fassen, die tiefste Unmöglichkeit, dies mit einem anderen zu teilen, die »metaphysische Einsamkeit« und schließlich die unausweichliche Sterblichkeit, das Leben »sub specie mortis«. Der niederländische Psychiater und Psychoanalytiker Piet Kuiper formulierte dieses grundlegende menschliche Spannungsverhältnis in paradoxer Weise einmal so: »Es kann niemals Licht werden, wenn wir uns nicht der Wahrheit stellen, dass wir von tiefster Finsternis bedroht sind« (Kuiper, 1988/1991, S. 25).

Trauer steht etymologisch mit dem althochdeutschen Wort »truren« (»den Kopf sinken lassen« oder »die Augen niederschlagen«) in Verbindung. Trauer hängt möglicherweise auch mit dem griechischen Wort »thrauein« (»zerbrechen«, »zermalmen«) zusammen (Pfeifer, 1995, S. 1452).

Die moderne Affektforschung betrachtet die Trauer als eine phylogenetisch vorgegebene, angeborene emotionale Reaktionsbereitschaft, als einen sogenannten »Primäraffekt«. Der *Affekt* »Trauer« (engl.: »grief«) oder »Traurigsein« muss von »Trauern« (engl.: »mourning«) als dem *Prozess* des *Umgehens* mit der Trauer, ihrer seelischen Bearbeitung und im besten Fall ihrer Bewältigung unterschieden werden. Die mannigfachen Definitionen für Trauer werden allerdings in der Fachliteratur kontrovers diskutiert (Kogan, 2011, S. 25) und die Begriffe recht unterschiedlich verwendet.

Da Trauer von den meisten Menschen zu den »negativen«, den unlustvollen Gefühlen gezählt wird, versuchen viele, sie zu vermeiden, sie zu verleugnen, sie abzuwehren oder ins Unterbewusste zu verdrängen (Schlesinger, 2001, S. 131; Kogan, 2011, S. 34). Damit sind diese Empfindungen zwar aus dem Bewusstsein verschwunden, aber nicht aus dem Sein. Schon Sigmund Freud vermerkte, »dass im Seelenleben nichts, was einmal gebildet wurde, untergehen kann, dass alles irgendwie erhalten bleibt« (Freud, 1930a, S. 426).

Aus psychoanalytischer Perspektive lassen sich mindestens drei Varianten der Trauer unterscheiden:

1. Trauer im »klassischen« Sinn als seelische »Reaktion auf den Verlust einer geliebten Person oder einer an ihre Stelle gerückten Abstraktion wie Vaterland, Freiheit, ein Ideal usw.« (Freud, 1916–17g 1915, S. 429)
2. Trauer als seelische Folge von traumatischen lebensgeschichtlichen Erfahrungen von gravierendem Mangel und/oder gewaltsamen Übergriffen
3. Trauer als gefühlsmäßige Reaktion auf das Bewusstwerden der eigenen Begrenztheit, Vergänglichkeit, Sterblichkeit und Endlichkeit

Man kann das Letzte »abschiedlich leben« (Pflüger, 1991) oder »abschiedliche Existenz« (Kast, 1999, S. 173) oder ähnlich nennen. Das Konzept der »Abschiedlichkeit« wurde von dem deutschen Philosophen Wilhelm Weischedel in seiner *Skeptischen Ethik* (1976) in den Diskurs gebracht.

Für Freud (1916a 1915, S. 360; 1927c, S. 337) ist und bleibt die Trauer ein »großes Rätsel«. Auf die Fragen »Wann macht die Trennung vom Objekt Angst, wann Trauer und wann vielleicht nur Schmerz?« sei »keine Aussicht vorhanden, Antworten zu finden« (Freud, 1926d, S. 202). Ein wenig mehr vom Rätsel Trauer aus einer psychoanalytisch-anthropologischen Perspektive zu lösen, bemüht sich dieses Buch. Sowohl die Trauer als auch das Trauern umfassen ein riesiges Spektrum an möglichen Betrachtungsweisen, insofern war eine (unvermeidlich subjektive) Auswahl der angesprochenen Themen unumgänglich. Auch wenn die psychoanalytische beziehungsweise psychodynamische Perspektive im Vordergrund steht, ist sie an vielen Stellen eingebettet in eine weitere anthropologische Sicht.

Trauer und Verlust – Historische und theoretische Grundlagen

Zur kollektiven Geschichte des Trauerns

Da der prähistorische Mensch keine schriftlichen Zeugnisse hinterlassen hat, muss sein Umgang mit Verlusten aus anderen Quellen erschlossen werden. »Es sind vor allem die Bestattungen, die uns Hinweise auf das prähistorische Trauerverhalten geben können« (Stubbe, 1985, S. 156). Schon die Neandertaler schenkten den Verstorbenen besondere Aufmerksamkeit und begruben sie. Grablegungen sind für Zeiten von vor 70.000–50.000 Jahren nachgewiesen, seit dem Erscheinen des Homo sapiens (vor 35.000–10.000 Jahren) hat in der Bestattungskultur ein quantitativer und qualitativer Sprung stattgefunden (vgl. ebd., S. 157f.).

Der Psychoanalytiker Eberhard T. Haas (2002, S. 189) betrachtet die »Begräbnisriten als eine der ersten kulturellen Manifestationen« des Menschen, sodass man vereinfacht sagen könnte: »Mit der Trauer beginnt die Kultur.« Von Beginn an steht Trauer unter der Spannung zwischen etwas Verlorenem und etwas Bleibendem, etwas Äußerem wie ein Grab und etwas Innerem wie Erinnerungen. »Der Mensch ist erst wirklich tot, wenn niemand mehr an ihn denkt« (Bertold Brecht zugeschrieben).

Wenn die Menschen ihre Toten beigesetzt haben, müssen sie damit bestimmte Empfindungen und Vorstellungen verbunden haben. Der Verlust eines Angehörigen war ihnen nicht gleichgültig, sondern löste offenbar emotional und kognitiv etwas in ihnen aus. Das war vermutlich zum einen der Affekt der Trauer. Zum anderen entstand an dieser Stelle aber vielleicht auch die Frage nach einem »Danach«. Gibt es etwas nach dem Tod? Da diese

Frage objektiv nicht zu beantworten war (und ist), schufen sich die Menschen aller Zeiten darauf subjektive Antworten. Aus den Grabanlagen, den Bestattungsformen und den Grabbeigaben der verschiedenen Kulturen lassen sich Hypothesen über deren Vorstellungen vom Tod und einem möglichen Danach ableiten.

Alles, was wir nicht kennen und wissen, löst neben anderen Gefühlen wie Neugier vor allem *Angst* aus. So ist es auch mit der Frage, ob mit dem Tod alles zu Ende ist. Philosophen, Religionsstifter und andere entwickelten Vorstellungen über die Zustände nach dem Tode, zum Beispiel Trauermythen, um die Angst davor zu vermindern. »Todesfurcht ist die Mutter aller Religionen«, formuliert zugespitzt der Psychoanalytiker Irvin D. Yalom (2008, S. 13). Auch Freud (1927c, S. 337) sieht in der Erfindung der Götter den Versuch, »das schmerzliche Rätsel des Todes« zu lösen, und schreibt ihnen die Aufgabe zu, »mit der Grausamkeit des Schicksals, besonders wie es sich im Tode zeigt, zu versöhnen« (ebd., S. 339). Ja, mehr noch: Sigmund Freud meinte gar, dass »der Gefühlskonflikt beim Tode geliebter und dabei doch auch fremder und gehasster Personen […] die Forschung der Menschen entbunden [hat]. Aus diesem Gefühlskonflikt wurde zunächst die Psychologie geboren« (Freud, 1915b, S. 347).

Im Verhältnis zum Tod beziehungsweise der Ungewissheit über das Danach können wir zwei gegensätzliche Umgangsmodi unterscheiden: Einerseits sehnen die meisten Menschen sich nach einem »ewigen Leben« (vgl. Cave, 2012) – und zwar zunächst auf der Erde, nicht im Himmel! Andererseits ist die Vorstellung unerträglich, dass es keine »Erlösung« von der Hölle, die das Leben oder – um mit Jean Paul Sartre in seinem Drama *Geschlossene Gesellschaft* zu sprechen – »die anderen« für einen bedeuten können, gibt. Auf der einen Seite wird der Angst vor dem Tod durch Unsterblichkeitsfantasien zu begegnen versucht, auf der anderen kann der Tod auch als »Befreiung« betrachtet werden.

In den modernen Gesellschaften ist der Tod weitgehend aus dem Leben verbannt, aus dem öffentlichen Diskurs ausgeschlossen (Aries, 1975/1981, S. 181). Die »Ars Vivendi«, die Lebenskunst, die immer auch eine »Ars Moriendi«, eine Kunst des Sterbens, umfasste, scheint heute vielfach auf den ersten Teil reduziert.

Psychoanalyse des Trauerns – Ein historischer Blick

Die Themen »Trauer«, »Trauern« und »Trauerpathologie« haben die Psychoanalytiker seit den Anfängen ihrer Wissenschaft zu Beginn des 20. Jahrhunderts immer wieder beschäftigt. Als erster Psychoanalytiker hat sich 1912 Karl Abraham gedanklich mit der Trauer auseinandergesetzt. Er differenziert zwischen dem »Affekt der Trauer oder Niedergeschlagenheit« und der »unbewusst motivierten, d. h. auf Verdrängung beruhenden neurotischen Depression« (Abraham, 1912/1971, S. 146). Abraham betont in der Genese der Letzteren besonders die feindseligen Einstellungen gegenüber der Außenwelt, den Hass und den Sadismus gegenüber den Objekten und daraus resultierende Verschuldungsideen und Selbstvorwürfe des Depressiven.

Im Register der Gesammelten Werke von Sigmund Freud finden sich rund siebzig Verweise auf das Thema »Trauer«. Sie umfassen beinahe das Gesamtwerk von 1900 bis 1938. Am bekanntesten ist seine Monografie *Trauer und Melancholie* (Freud, 1916–17g 1915), in der er sich vor allem um eine Differenzierung zwischen normaler und pathologischer Trauer bemüht. Freud beendete diese Arbeit mitten im Ersten Weltkrieg (vgl. Brief an Abraham vom 4. Mai 1915, Freud & Abraham, 1965, S. 212). Seit *Trauer und Melancholie* gibt es unzählige Versuche, glückende gegenüber missglückender Trauer abzugrenzen. John Bowlby (1961) gibt einen differenzierten Überblick über psychoanalytische Ansätze zum Verständnis der Trauerprozesse, spätere Übersichten findet man zum Beispiel bei Heinz Böker (2001b, S. 15ff.) oder Joachim Küchenhoff (2017, S. 28ff.).

Die »Trauer« grenzt Edith Jacobson (1977, S. 108) von dem allgemeineren Begriff der »Traurigkeit« ab und definiert sie als »emotionale Äußerung, mit der das Ich auf Leid reagiert. Das Leid kann von realen äußeren oder von inneren bewussten wie unbewussten Quellen herrühren.«

Melanie Klein postuliert eine »nahe Beziehung zwischen der Realitätsprüfung in der normalen Trauer und den frühen seelischen Prozessen. […] Meiner Anschauung nach macht das Kind seelische Zustände durch, die man mit der Trauer der Erwachsenen vergleichen kann« (Klein, 1940/1972, S. 74). Klein hatte eine

»depressive Position« als einen gesunden Zustand beschrieben. Darunter wird eine (in der kindlichen Entwicklung erworbene) seelische Konstellation verstanden, in der es möglich ist, Liebes- und Hassgefühle (Ambivalenz) gegenüber ein und derselben Person zu empfinden und aufgrund dieser Ambivalenz darüber traurig (deshalb »depressiv«) und besorgt (so Winnicott) um das Objekt zu sein (vgl. Auchter & Strauss, 1999, S. 52f.). Die Fähigkeit zur Ambivalenz ist allerdings nicht so sehr eine seelische Entwicklungsstufe, über die – einmal erworben – dauerhaft verfügt werden kann, sondern eine seelische Position, die in den fortwährenden Krisen und Konflikten des Lebens immer wieder neu errungen werden muss.

Diese depressive Position ist nicht von Lebensanfang an gegeben, sondern erst ein Entwicklungserwerb. Sie setzt die innere Differenzierung zwischen Selbst und Objekt voraus, denn nur gegenüber einem vom Selbst getrennten Objekt kann Hass und Aggression schuldhaft erlebt werden. Claudia Frank (2006, S. 499) charakterisiert diesen seelischen Zustand mit einem trefflichen Begriff als »Melancholie in statu nascendi«. Das gelingende Durcharbeiten der Ambivalenz verhindert, dass die Trauer sich zu einer Depression auswächst.

Der britische Kinderarzt und Psychoanalytiker Donald W. Winnicott (1965a, S. 176) hält Kleins Begriff »depressive Position« für eine wenig gelungene Formulierung und schlägt an ihrer Stelle den Ausdruck »Fähigkeit zur Besorgnis« (Winnicott, 1965a, S. 73) vor. Sie umfasst die *Verantwortung* für das eigene Handeln und daraus folgend Trauer und Schuldgefühle über eigenes destruktives Verhalten.

Zur Phänomenologie der Trauer

Trauer wird zumeist definiert als eine psychophysiologische, affektive Reaktion auf einen bedeutsamen Verlust (Moore & Fine, 1990, S. 82) oder eine Trennung. Sie wird von der modernen Affektforschung als ein sogenannter »Primäraffekt« angesehen. Weitere solche Primäraffekte sind: Freude, Verachtung, Ekel, Angst, Neugier und Wut (Tomkins, 1963, zit. n. Krause, 2014, S. 40). Tomkins' Schüler Ekman (1992, zit. n. Fonagy et al.,

2002/2004, S. 80) unterscheidet fünf »Basisemotionen«: Neben der Trauer sind das Freude, Zorn, Furcht und Ekel. Diese subjektiven emotionalen Reaktionsbereitschaften werden von Lebensbeginn an durch intersubjektive Erfahrungen qualifiziert und modifiziert oder, wie man heute zu sagen pflegt: »mentalisiert«.

Alle diese Empfindungen an sich sind keine Krankheiten, sondern zunächst normale und gesunde gefühlsmäßige Reaktionen auf äußere oder innere Vorkommnisse! Freud (1916–17g 1915, S. 428) spricht vom »Normalaffekt der Trauer«. Der Krankheitswert der Trauer ergibt sich in der Regel erst aus einer übermäßigen Intensität und/oder Dauer und/oder extremen Funktionseinschränkungen der Lebensbewältigung. Halten wir also als Erstes fest: »Trauer ist keine Krankheit« (Freud, 1910a [1909], S. 12; 1916–17g 1915, S. 429). »Trauer ist eine normale und universelle Reaktion auf einen Verlust« (Beutel, 2014, S. 949).

Trauer manifestiert sich seelisch als Schmerz, Kummer, Gram, Leid, Betrübtheit, Niedergeschlagenheit, Verbitterung bis hin zu Schwermut (vgl. Strasser, 2003, S. 39). Karl Landauer (1926, zit. n. Spiegel, 1973, S. 47f.) erwähnt folgende psychosomatische »Äquivalente der Trauer«: Weinen, Speichelfluss, Achylie (Absonderung von Magensaft), Obstipation, Pseudo-Parkinson (Ausdrucksverlangsamung, Ausdrucksarmut) und Schmerzen (»Herzeleid«). Aber auch alle möglichen anderen funktionellen Symptome können auf Trauer verweisen. Wenn Trauer habituell wird und das Leben eines Menschen dominiert, ohne pathologisch zu sein, ist umgangssprachlich von einem »Trauerkloß« oder einer »traurigen Gestalt« die Rede.

Alle Varianten seelischen Schmerzes erwachsen aus einer Diskrepanz. Die Trauer – Horst Petri (1998) diskutiert sie unter dem Begriff »Trennungsschmerz« – resultiert aus einer lustvollen oder befriedigenden Gegenwärtigkeit, die entweder bereits vergangen ist oder zumindest droht, zukünftig verloren zu gehen. Der allererste und so unwiederholbare Verlust der ursprünglichen Befriedigungssituation zu Lebensbeginn (im Mutterleib) gebiert erst den Wunsch (Gast, 2006, S. 170f.) nach Wiederherstellung. Das Begehren erwächst aus einer unlustvollen oder unbefriedigenden Gegenwärtigkeit in Verbindung mit der Erinnerung an etwas (zuvor vorhandenes) Befriedigendes, das verloren und vergangen ist, ein »Nicht-mehr«. Sehnsucht hingegen bezieht sich eher auf ein schmerzliches »Noch-nicht«.

Eine psychische Reaktion auf einen in Zukunft drohenden Verlust können wir mit Erich Lindemann (1979/1985, S. 56f., 115, 187f.) als »antizipatorische Trauer« bezeichnen (vgl. Volkan & Zintl, 1993/2000, S. 22, 58).

> Ich selber habe das unbeabsichtigt beim Tod meiner Mutter erlebt. Sie litt an einem Karzinom. Nachdem sie im November ihren 86. Geburtstag gefeiert hatte, den sie unbedingt noch erleben wollte, ging es gesundheitlich rapide bergab. Ich fuhr dann alle 14 Tage am Wochenende von Aachen nach Freiburg. Jedes Mal dachte ich, dass das nun unsere letzte Begegnung im Leben ist, und nahm so dreimal »endgültigen« Abschied von ihr. Der Zufall wollte es, dass ich bei ihrem tatsächlichen Tod am 27. Dezember dann als Einziger im Sterbezimmer anwesend war und ihren wirklichen »letzten Atemzug« miterlebte. So traurig dieser Moment auch war, so ruhig konnte ich dabei sein.

Bei Karl Abraham (1912/1971, S. 146) finden wir eine etwas andere Einteilung respektive Zweiteilung der Affekte, wenn er schreibt: »Wir fürchten ein kommendes Unheil, wir trauern über ein eingetretenes.« Ähnlich fasst Petri (1998, S. 27) alle Gefühle und körperlichen Reaktionen einer drohenden Trennung (Verlustangst) als »Trennungsangst« und (nur) die nach einer Trennung als »Trennungsschmerz« zusammen. Freud (1926d, S. 205) beschrieb beim Verlust entsprechend »Angst« einerseits und »Seelenschmerz« andererseits. Eine besonders bittere Akzeptanz erfordert schließlich das »Niemals«. »Wehmut ist ein Gefühl, das auf die Ausweglosigkeit eines Verlangens antwortet und den Betroffenen hilflose schmerzliche Schwäche erleben lässt« (Boothe & Frick, 2017, S. 8).

So viele verschiedene Menschen es gibt, so viele unterschiedliche Formen der Trauer und so viele verschiedene Wege des Trauerns existieren. Sie unterscheiden sich nicht nur nach der individuellen Persönlichkeit, sondern werden auch von gesellschaftlichen und kulturellen Faktoren mitbestimmt (vgl. Stubbe,

1985; Hagman, 1995; Hinterhuber et al., 2006). Jeder Betroffene hat seine eigene Trauer und seinen persönlichen Trauerweg! Dieser Weg kann im gegebenen Fall und unter bestimmten Umständen auch in die verschiedenen Bereiche der Trauerpathologie führen.

Wir können heutzutage einerseits eine zunehmende Individualisierung und Privatisierung der Trauer beobachten (»Von Beileidsbezeugungen am Grab bitten wir Abstand zu nehmen«, »im engsten Familienkreis«) bis hin im Extremfall zur völligen Anonymisierung (Zunahme »anonymer Bestattungen«). Auch die spezielle Trauerkleidung (hierzulande schwarz), die in früheren Zeiten unter anderem die Funktion besaß, der Trauerzeit einen sozialen Ausdruck zu verleihen, ist weitgehend verschwunden.

Die moderne Kommunikationsgesellschaft produziert aber auch ein anderes eindrucksvolles, gegensätzliches Phänomen, nämlich eine Kollektivierung oder Globalisierung von Trauer. Als der schwedische Ministerpräsident Olaf Palme 1986 einem Attentat zum Opfer fiel, legten spontan Tausende Blumen, Kerzen und Zettel am Tatort nieder. Diese Form einer sogar transkulturellen Massentrauer zeigte sich deutlich beim Tod von Prinzessin Diana 1997. Zuletzt konnte man das Phänomen weltweiter kollektiver Trauer 2004 angesichts der Tsunamikatastrophe und 2005 beim Tod von Papst Johannes Paul II. beobachten. Kollektive Trauerreaktionen erfolgen auch auf Naturkatastrophen und Attentate wie am 11. September 2001 und andere. Und auch das gibt es: »Wie im Fall des Eisbären Knut kann sogar der Tod eines Tieres ähnliche Reaktionen hervorrufen« (Sörries, 2016, S. 186).

Seit etwa einem Vierteljahrhundert kommt es hierzulande zu einem erheblichen Wandel der Trauer- und Bestattungskultur. Auf den herkömmlichen Friedhöfen entstehen immer mehr Leerstellen – manche befürchten gar ein »Friedhofssterben« –, da alternative Bestattungsformen zunehmen. Anonyme Bestattungen (in Deutschland bis zu zehn Prozent), Seebestattungen (derzeit etwa 15.000 pro Jahr), das Verstreuen der Asche in Friedwäldern, die Generierung eines Diamanten oder anderen Objekts aus der Asche des Verstorbenen, die Umwandlung von nicht mehr gebrauchten Kirchen in Grabeskirchen (Columbarien), Gemeinschaftsgräber bestimmter Gruppen (Fußballfans, Karnevalsverein etc.) sind die neuen Bestattungsweisen. Wobei Columbarien zur Aufnahme von Urnen schon in der römischen Antike gebräuchlich waren. Der Anteil der Feuerbestattungen liegt mittlerweile bei ungefähr 65 Prozent. Auf immer mehr Friedhöfen ist es gestattet, seinen verstorbenen Hund, Katze, Hasen oder Hamster mit ins Grab zu nehmen. Man kann diese radikalen Veränderungen als Kultur- oder Pietätverlust, als Ökonomisierung (Verstreuen der Asche ist die preisgünstigste Form) oder als Ausdruck des Verlusts traditioneller oder religiöser Werte bedauern. Man kann diese Veränderungen aber auch als Chance zu einer Neuorientierung begreifen, nämlich dass wir es heute (nicht nur) im Bezug auf das Trauer- und Bestattungsverhalten »nicht mit einer individuellen Regellosigkeit, sondern mit einer geregelten, allerdings differenzierten Vielfalt zu tun« haben (Sörries, 2016, S. 9), als Ausdruck einer neuen »gruppenspezifischen Trauerkultur« (ebd., S. 189).

Die mögliche Problematik derartiger Veränderungen machen allerdings Herr A. und Frau B. deutlich:

> (1) Die Eltern von Herrn A. trennten sich, als er elf Jahre alt war. Er blieb bei der Mutter. Der Vater heiratete erneut. Als der Vater verstarb, war Herr A. 39 Jahre alt. Der Kontakt zwischen beiden war über die Jahre immer sehr dünn gewesen. Die Stiefmutter informierte ihn sowie die Brüder des Vaters und deren Familien darüber, dass die Asche des Vaters auf einem Friedfeld eines niederländischen Krematoriums verstreut sei. Ein Versuch von Herrn A., dort Abschied vom Vater zu nehmen, gelang ihm nicht so recht.
>
> Einige Zeit später erfährt er von der Stiefmutter, dass die Asche dort gar nicht ausgestreut worden sei! Nun fühlt er sich von ihr betrogen. Schließlich erfährt er nach längerem, bohrendem Nachfragen, dass die Stiefmutter – im Einvernehmen mit dem Vater – die Asche in den Niederlanden zu einem Herz hat verdichten lassen, das sie jetzt bei den Fotos von ihm aufbewahre, um für immer mit ihm verbunden zu sein.
>
> Abgesehen davon, dass Herr A. nun keinen Ort für sein eigenes Trauern besitzt, macht ihm zu schaffen, dass die Stiefmutter ihn dermaßen belogen hat und die sterblichen Überreste des Vaters exklusiv für sich beansprucht.

> (2) Frau B. weigert sich, den letzten Wunsch ihrer Mutter nach einer anonymen Grabstätte zu erfüllen, »denn dann hätte ich ja gar keinen Ort zum Trauern«.

Im antiken Mythos von Antigone geht es ebenfalls um eine Bestattung. Gegen das Verbot von König Kreon, ihren gefallenen Bruder Polyneikes zu begraben, verstößt Antigone, weil sie ihr Gewissen höherstellt als das Gesetz. Antigone nimmt sogar ihren eigenen Tod in Kauf, um ihrem Bruder den Einzug ins Totenreich zu ermöglichen.

Entsprechend der seelisch bedeutsamen und hilfreichen »Signalangst« (Freud, 1915e, S. 282) können wir einen »entwicklungsfördernden Schmerz« und einen »entwicklungshemmenden, den masochistischen Schmerz« unterscheiden (Schraivogel, 1999, S. 13). Der Psychoanalytiker Theodor Reik hat seinem Buch über Masochismus und Gesellschaft den entsprechenden Titel gegeben: *Aus Leiden Freuden* (1940/41/1983). Der masochistische (körperliche) Schmerz kann zum Beispiel der Ablenkung oder Abwehr von seelischem Schmerz dienen, verhindert aber zugleich dessen Durcharbeiten, das zu einer Befreiung führen könnte. Das zeigen auch viele der immer häufiger zu beobachtenden sogenannten »Selbstverletzungspatienten«. Deren Ritzen oder Schneiden stellt zumeist eine unbewusste, »perverse« Form der »Selbstfürsorge« (Küchenhoff, 1999) dar. Es ist eine »Notlösung«, die im besten Fall durch eine Psychotherapie besseren und gesünderen Ergebnissen zugeführt werden kann.

> (1) Frau C., 42 Jahre alt, wurde in ihrer Kindheit vom Vater über mehrere Jahre sexuelle Gewalt angetan. Sie stand lange Zeit später immer wieder unter dem unwiderstehlichen Zwang, sich in depressiven Spannungssituationen, wenn sie sich verzweifelt und leer fühlte, die Arme aufzuritzen, bis Blut floss, und dann weiter und weiter schneiden zu müssen. Als sie zu mir kam, waren ihre Arme übersät mit Narben all dieser Schnitte.
>
> Ihre schmerzhaften Selbstverletzungen hatten mindestens drei Funktionen: Sie dienten erstens der Spannungsreduktion, zweitens dazu, dass sie sich selbst wieder spüren konnte, statt in das unerträgliche Leeregefühl zu fallen. Drittens dienten sie dazu, symbolisch die ihr von ihrem Vater zugefügten Verletzun-

gen im »Wiederholungszwang« unbewusst wieder und wieder in Szene zu setzen.

(2) Herr D., 31 Jahre alt, berichtet in seiner Psychotherapie: »Als Kind und Jugendlicher habe ich mich immer wieder so lange gekniffen, bis es weh tat. Mit diesem körperlichen Schmerz wollte ich einen anderen Schmerz überdecken, nämlich meine tiefe Traurigkeit.« Herr D. musste in seiner Kindheit und Jugend immer wieder ohnmächtig handgreifliche aggressive Attacken seines Vaters auf seine Mutter und seinen Bruder miterleben. Darüber hinaus war er wiederholten Suiziddrohungen seines Vaters ausgesetzt, sich mit seiner Dienstpistole zu erschießen. Das brachte Herrn D. immer wieder in unauflösbare Spannungszustände ohnmächtiger Wut und hilfloser Verzweiflung, was ihn in tiefste Traurigkeit versetzte.

Eine andere Möglichkeit der Trauerabwehr besteht in der Entwicklung eines Hyperaktivismus. Der tödlichen Bedrohung wird entgegengesetzt: »Ich bin (noch) aktiv lebendig!«

Als mein Vater die erste seiner Krebsdiagnosen erhielt, setzte er dieser Lebensbedrohung ein rastloses Tun entgegen, das wohl – unbewusst – ihm selbst und anderen beweisen sollte, wie viel Leben noch in ihm steckte. Diese Todesabwehr knüpfte an eine Persönlichkeitseigenschaft von ihm an, die sein ganzes Leben prägte. Mein Vater war als junger Mann im Zweiten Weltkrieg in Russland, unter anderem in Stalingrad, dem tödlichen Horror des Krieges und schmerzlichen Verlusten ausgesetzt. Nach seiner Verwundung, die eine Verkrüppelung seines rechten Armes nach sich zog, bemühte er sich lebenslang, der Destruktion etwas Konstruktives entgegenzusetzen. Dazu gehörten neben der Entscheidung, zusammen mit meiner Mutter vier Kinder in diese Welt zu setzen, auch seine Entscheidung, nach seinem Medizinstudium als einer der Ersten nach dem Zweiten Weltkrieg eine psychoanalytische Ausbildung zu absolvieren. Auch das fortwährende Um- und Weiterarbeiten an unserem Haus und im Garten gehörte zu diesem »reparativen Konstruktivismus«. Ständig setzte mein Vater neue Projekte in Welt, ließ sie fallen, wenn andere seinen Ideen nicht folgten, und wand-

> te sich rastlos neuen Aufgaben zu. Heute würde ich das Ganze aus einer psychoanalytischen Perspektive als lebenslängliche unbewusste Todesabwehr verstehen können. Angesichts seines absehbaren Lebensendes verstärkte sie sich noch einmal.

Immer besteht die Notwendigkeit eines Balancierens zwischen einerseits der Anerkennung etwa des Sterbenmüssens und andererseits trotzdem den Rest des Lebens möglichst lebendig zu »genießen«. Beispielhaft dafür steht der Martin Luther zugeschriebene Satz: »Wenn ich wüsste, dass morgen die Welt unterginge, würde ich heute noch ein Apfelbäumchen pflanzen.«

Die Trennungs- oder Verlusterfahrung kann sich auf ein Objekt (Objektverlust) oder das eigene Selbst (Selbstverlust) beziehen (Lindemann, 1979/1985, S. 187f.), den Tod des anderen oder den eigenen Tod.

> »Im Gegensatz zum herkömmlichen Sprachgebrauch (Ding, Gegenstand, Sache) bezeichnet der Begriff ›Objekt‹ in der Psychoanalyse immer das Gegenüber des Subjekts. Es kann auch materiell und unbelebt sein, im Wesentlichen bezieht sich diese Formulierung aber auf den ›bedeutsamen Anderen‹. […] Verwirrend kann sein, dass der Begriff in der psychoanalytischen Literatur bisweilen für eine reale Person benutzt wird (äußeres Objekt), an anderen Stellen aber für die seelische Repräsentanz derselben (inneres Objekt)« (Auchter & Strauss, 1999, S. 108).

Auch wenn den meisten Menschen zum Thema der Trauer sicher als Erstes der Verlust einer geliebten oder wichtigen Person einfallen mag, bezieht sich die Trauer doch auf viel mehr (Pollock, 1977, S. 16). Wir trauern um gebrochenes Vertrauen, gescheiterte Liebesbeziehungen, getäuschte Hoffnungen, geplatzte Träume, enttäuschte Erwartungen und unerfüllbare Sehnsüchte. Alle Veränderungen, Trennungen und Verlusterfahrungen ziehen Trauer nach sich (Pollock, 1978, S. 262). Abschied tut weh und »Abschiednehmen ist (immer) ein bisschen Sterben« – auch wenn Trauer in vielen Fällen nicht der einzige Affekt angesichts derartiger Erlebnisse ist. Es können bei einem Abschied zum Beispiel auch Gefühle der Erleichterung und Entlastung oder auch der Freude auf die Möglichkeit eines Neubeginns eintreten.

Trauer und Tod

Der Tod des anderen

»Der Tod ist kein Unglück für den, der stirbt, sondern für den, der überlebt.«

Karl Marx nach dem Tod seines achtjährigen Sohnes an einen Freund (in Anlehnung an Epikur)

Die meisten einschlägigen Arbeiten zur Trauer beschäftigen sich mit den affektiven Reaktionen im Angesicht des Todes. Die intensivsten seelischen Schmerzempfindungen entstehen im Hinblick auf das fremde und das eigene Sterben. In Abwandlung eines Titels des Freiburger Religionsphilosophen Bernhard Welte (1980) könnte man formulieren: »das Sterben als Ernstfall des Lebens«.

Am Gravierendsten wird zumeist der Tod eines nahestehenden oder geliebten Menschen empfunden (vgl. Freud, 1916–17g 1915, S. 428f.). Die jüdische Lyrikerin Mascha Kaléko (1945) formuliert: »Bedenkt: den eigenen Tod stirbt man nur, doch mit dem Tod der anderen muss man leben.«

Auch Sigmund Freud blieb nicht vom Tod naher Angehöriger verschont. Im Gegenteil: Die Kindheit des kleinen Sigismund ist durch eine Fülle von Trennungen und Verlusten überschattet.

Wenige Wochen vor seiner Geburt am 6. Mai 1856 stirbt der Vater seines Vaters. Neun Monate nach seiner Geburt wird seine Mutter erneut schwanger und bringt im Oktober 1857 seinen Bruder Julius zur Welt. Julius stirbt sechs Monate später im April 1858 an einer Darmerkrankung. Einen Monat zuvor war ein jüngerer Bruder seiner Mutter – mit demselben Namen Julius – an Lungentuberkulose verstorben. Während die Mutter noch im Wochenbett mit seiner im Dezember 1858 geborenen Schwester Anna liegt, kommt Sigis geliebte Kinderfrau Monika wegen eines Diebstahls ins Gefängnis. Er verliert sie. Im Oktober 1859 zieht die Familie von Freiberg in Mähren nach Leipzig. Schon sechs Monate später verlassen sie Leipzig wieder und ziehen im März 1860 nach Wien um.

Wen wundert es nach diesen vielfältigen traumatisierenden Trennungs- und Verlusterfahrungen, dass Freud gegenüber dem Trost äußerst skeptisch ist und glaubt, »die Absicht, daß der Mensch ›glücklich‹ sei, ist im ›Plan der Schöpfung‹ nicht enthalten« (Freud, 1930a, S. 434).

Seine wesentlichen Arbeiten zu Trauer, Tod, Vergänglichkeit und Melancholie verfasst Freud angesichts des Ersten Weltkrieges und verschiedener persönlicher Verluste (vgl. Pollock, 1961).

> 1911 erfolgt die Trennung zwischen Freud und Alfred Adler und 1913 die zwischen Freud und Carl Gustav Jung, den beiden frühen psychoanalytischen Mitstreitern. Im November 1914 kommt Freuds geliebter älterer Bruder Emanuel bei einem Eisenbahnunglück ums Leben (Pollock, 1961, S. 344f.). Nach dem plötzlichen Tod seiner erst 26-jährigen Tochter Sophie am 25. Januar 1920 berichtet Freud seinem Freund, dem Pfarrer Oskar Pfister: »Ich arbeite, soviel ich kann, und bin dankbar für die Abwechslung. Der Verlust eines Kindes scheint eine schwere narzißtische Kränkung; was Trauer ist, wird wohl erst nachkommen« (Freud & Pfister, 1963, S. 78). Angesichts des bevorstehenden Todes seines Enkels Heinz (Heinele), des Sohnes von Sophie, drei Jahre später versagt jedoch die narkotisierende Wirkung der Arbeit: »Diesen Verlust ertrage ich so schlecht, ich glaube, ich habe nie Schwereres erlebt, vielleicht wirkt auch die Erschütterung durch meine eigene Erkrankung [kurz zuvor war bei ihm das Karzinom der Mundhöhle diagnostiziert worden!] mit. Ich mache meine Arbeit notgedrungen, im Grunde ist mir alles entwertet« (Brief an K. und L. Levy, zit. n. E.L. Freud, 1960, S. 344).

Aber nicht nur das Weggehen eines bedeutsamen oder geliebten anderen löst Trauer und andere heftige Affekte aus, sondern auch die Vorstellung vom eigenen endgültigen Verschwinden.

Der eigene Tod – Vergänglichkeit und Sterben

> »*Si vis vitam, para mortem.* Wenn du das Leben aushalten willst, richte dich auf den Tod ein.«
> *Sigmund Freud (1915b, S. 355)*

Die Endlichkeit und die Unverfügbarkeit der (Lebens-)Zeit sind zwei der bestimmenden Charakteristika menschlichen Lebens. »Das Ziel allen Lebens ist der Tod«, schreibt Sigmund Freud (1920g, S. 40). »Mors certa, hora incerta«, oder, wie Freud es in einem Brief an Max Eitingon vom 5. Januar 1933 (zit. n. Schur, 1972/1973, S. 521) formuliert: Todsicher ist, »daß wir alle zum Tode verurteilt sind«. Trotz des Bewusstseins vom unvermeidlichen Sterbenmüssen wehrt sich jedoch das Vorbewusste dagegen und unser Unbewusstes ist von seiner Unsterblichkeit überzeugt (Freud, 1915b, S. 341).

Der Psychoanalytiker Roy Schafer (1972, S. 895) bezeichnet das Annehmen des Todesprinzips im Leben als die »tragische Anschauung der Realität«. So gehört die Trauer unausweichlich zur conditio humana. Glück ist nach Freud im Plan der Schöpfung höchstens passager und partiell vorgesehen: »Post coitum omne animal triste est« (»Nach dem Koitus ist jedes Lebewesen traurig«). Der Philosoph George Steiner (2006) bringt die fundamentale, unvermeidliche Traurigkeit mit der Denkfähigkeit des Menschen zusammen, nämlich insbesondere sich seiner grundlegenden Unvollkommenheit und Begrenztheit bewusst zu werden, seine Verbannung aus dem Paradies unschuldiger, unwissender Glückseligkeit. Es ist wohl vor allem die Ohnmacht gegenüber dem Sterbenmüssen, die den Narzissmus des Menschen, seinen Wunsch nach Unsterblichkeit, zutiefst kränkt.

Allerdings ist eine partielle und passagere Verdrängung der Vergänglichkeit wohl immer wieder unausweichlich, denn wer fortwährend sein Sterben oder seinen Tod vor Augen hat, dessen Bewegungen erstarren vor Angst und er kommt gar nicht zur Lebendigkeit (vgl. Teising, 2017). »Weder der Sonne noch dem Tod kann man unverwandt ins Auge blicken«, formulierte der französische Literat La Rochefoucauld 1654 (zit. n. Fogelmann, 1995, S. 70). Irvin D. Yalom setzt dem allerdings die psychotherapeutische Perspektive entgegen: »Dem Tod ins Gesicht zu schauen, unter Anleitung, bändigt nicht nur die Angst, sondern macht das Leben ergreifender, kostbarer, vitaler« (Yalom, 2008, S. 262).

Gegenüber dem Tod steht der Mensch zwischen der Scylla der Resignation und der Charybdis der Rebellion. Vielleicht liegt in der *Kreativität* die Chance für einen dritten Weg. »In der Literatur« (d.h. in der Kreativität), »dort allein erfüllt sich uns auch die Bedingung, unter welcher wir uns mit dem Tod versöhnen könnten« (Freud, 1915b, S. 343). »Solange der Mensch leidet, kann er es noch zu etwas bringen«, schreibt Sigmund Freud an Lou Andreas-Salome am 17. Februar 1918 (Freud & Andreas-Salome, 1966, S. 83). Dieser Gedanke ist natürlich keineswegs eine Glorifizierung des oder eine Aufforderung zum Masochismus, wie man auf den ersten, oberflächlichen Blick glauben könnte. Freud weist damit vielmehr auf den engen Zusammenhang zwischen Trauer und Kreativität (Auchter, 1978) hin, die schöpferische Bewältigung von Widrigkeiten und die kreative Überwindung von Leidensdruck. »Angst macht dumm« und »Not macht erfinderisch«, meint fein differenzierend der Volksmund, und wer – in Maßen – leidet, kann es eben auch noch zu etwas bringen (vgl. Auchter, 2004a). »Wahre Kraft entsteht durch das Erleben von Leid und Schmerz«, schreibt der Psychoanalytiker Arno Gruen (2006, S. 70). In diesem Sinne kann man mit Eberhard Haas (2002, S. 22) Trauer als einen »universellen Anpassungs- und Transformationsprozess« betrachten.

»Der Mensch ist das einzige Tier, das weiß, dass es sterben muss«, schreibt der Psychoanalytiker und Altersforscher Helmut Luft (2003, S. 587). Und das, ließe sich mit der Wiener Religionswissenschaftlerin Birgit Heller (2003, zit. n. Hanke, 2006, S. 47) ergänzen, »aus diesem Grund ein Verhalten gegenüber dem Tod entwickeln kann«. Aber auch bestimmte Tiere, die in sozialen Gemeinschaften leben, zeigen spezifische Verhaltensweisen (Schreien, Rufen, Unruhe, Feindseligkeit oder das Gegenteil: Passivität und Apathie) beim Tode eines Artgenossen, die man als Trauer deuten kann (vgl. etwa Radinger, 2017, S. 183f.). Die Wolfsexpertin Elli H. Radinger berichtet ein berührendes Beispiel, in dem eine Wölfin für einen toten Raben (Raben und Wölfe haben ein sehr spezifisches soziales Verhältnis; vgl. ebd., S. 125ff.) ein Versteck suchte und schließlich eine kleine Schneehöhle fand, in der sie ihn vergrub. »Für mich sah es so aus, als hätte sie einen ›Freund‹ beerdigt« (ebd., S. 134f.).

»Nicht eigentlich der Tod, sondern das Wissen vom Tode ist es, das für Menschen Probleme schafft«, meint der Soziologe und Philosoph Norbert Elias (1982, S. 12, 70). Der griechische Philosoph Epikur hatte in seinem Brief an Menoikeus formuliert: »So ist also das schauerlichste Übel, der Tod, für uns ein Nichts: Solange wir da sind, ist er nicht da, und wenn er da ist, sind wir nicht mehr« (zit. n. Condrau, 1980, S. 89).

Was uns am meisten Angst macht, ist also wohl nicht so sehr der Tod selbst als vielmehr das Sterben. Diese Angst bezieht sich auf ein schmerzhaftes Siechtum ebenso wie auf die »Einsamkeit der Sterbenden« (Elias, 1982). Im Jahr 1926 schreibt Sigmund Freud – angesichts seiner Karzinomerkrankung – an seinen Kollegen Max Eitingon: »Die einzige Angst, die ich wirklich habe, ist die vor längerem Siechtum ohne Arbeitsmöglichkeit« (zit. n. Jones, 1962, S. 148). Jahre zuvor (am 6. März 1910) hatte er in einem Brief an seinen Freund, den Pfarrer Oskar Pfister, formuliert: »Darum habe ich bei aller Ergebenheit in das Schicksal, das einem ehrlichen Menschen geziemt, doch eine ganz heimliche Bitte: nur kein Siechtum, keine Lähmung der Leistungsfähigkeit durch körperliches Elend. Im Harnisch laßt uns sterben, wie König Macbeth sagt« (Freud & Pfister, 1963, S. 33). Freud will seinem Tod sehenden Auges und aufrechten Ganges entgegentreten.

Die Thematik eines selbstbestimmten und würdevollen Todes ist auch der Inhalt des Fernsehfilmes *Marias letzte Reise* (2005) von Rainer Kaufmann (siehe dazu auch Auchter, 2017a).

> »Die wichtigste Aussage des Films ist, dass es so etwas gibt wie ein lebenswertes Sterben – der Sterbende ist derjenige, bei dem man zu Besuch ist. Entscheidend ist, dass er in seinen letzten Stunden nicht nach der Pfeife von anderen Leuten zu tanzen hat, sondern dass man sich auf ihn einstellt. Aber es geht auch darum, dass diese Begleitung des Sterbenden für diejenigen, die das miterleben, ein extrem intensiver Lebensabschnitt ist« (Kaufmann, 2004).

Gibt es neben dem Stoizismus, der Sigmund Freud prägte (Cremerius, 1983), andere Weisen, mit dem Leben »sub specie mortis«

umzugehen? Der Psychoanalytiker Erik H. Erikson (1964/1966, S. 99ff.) setzt sich 1960 mit den »basic virtues« des Menschen auseinander. Dieser Begriff, den Erikson selbst mit »inhärenten Stärken«, »innewohnenden Kräften« oder grundlegenden »aktiven Qualitäten« umschreibt und dem »spirit« (Geist) gleichsetzt, wird gewöhnlich mit »Grund-Tugenden« übersetzt:

> »Die Hoffnung ist sowohl die früheste wie die unentbehrlichste Tugend, die im Zustand des Lebendigseins inhärent ist. Andere haben diese tiefste Qualität als Zuversicht bezeichnet, und ich selbst sprach vom Vertrauen als der frühesten psychosozialen Haltung, aber wenn das Leben erhalten werden soll, muss die Hoffnung bleiben, selbst wo die Zuversicht verwundet, das Vertrauen gestört ist« (ebd., S. 104).

»Hoffnung ist der fortwährende Glaube an die Erfüllbarkeit leidenschaftlicher Wünsche, trotz der dunklen Dränge und Wutgefühle, die den Anfang des Daseins bezeichnen« (ebd., S. 106) und, so können wir ergänzen: die das Ende des Daseins charakterisieren.

Die »Fähigkeit zur Hoffnung« des Psychotherapeuten, die das Bewusstsein um das Vorkommen von Hoffnungslosigkeit einschließt, ist eine Voraussetzung, ein Ansporn und eine Identifikationsmöglichkeit für die Entwicklung von Hoffnungskapazitäten im Patienten. »Wenn überhaupt analytische Arbeit geleistet werden soll, muss der Analytiker an den Entwicklungsprozess glauben, und diesen Glauben spürt ein Patient sofort«, schreibt Donald W. Winnicott (1958, S. 292). Ganz ähnlich hatte sich Freud (1905b [ca. 1895–98], S. 297; 1905a 1904, S. 14) Jahrzehnte zuvor geäußert: »Die hoffnungsvolle und gläubige Erwartung ist eine wirkende Kraft, mit der wir streng genommen bei all unseren Behandlungs- und Heilungsversuchen zu rechnen haben.« Die Entwicklung von Hoffnung gehört also zu den archaischsten tröstlichen Aspekten menschlichen Seins als Gegenspieler zu grenzenloser Trauer, Verzweiflung und eben Hoffnungs*losigkeit*.

Das eigene Sterben ist eine der größten Herausforderungen für die Lebenden, der »Ernstfall der Hoffnung«, wie Bernhard Welte (1980) formuliert. Bei aller notwendigen Betonung des »Realitätsprinzips« geht es für den Menschen in seinem Lebensverlauf aber immer wieder um eine Balance zwischen Desillusionierung und unverzichtbaren Hoffnungen, und auch um Illusionen und Visionen, die ein Überleben und ein Leben erst möglich machen.

Die Hoffnung erwächst aus vergangenen und aktuellen guten und wiedergutmachenden Beziehungserfahrungen und ist im Ich des Menschen deponiert. »Sich dem Schmerz des Objektverlusts selbstbestimmt aussetzen zu können, verlangt in der Ablösesituation Ich-Stärke« (Küchenhoff, 2017, S. 57). »Abschiedlich leben kann der Mensch, der sich auch auf Bleibendes beziehen kann« (Kast, zit. n. Pflüger, 1991, S. 7). Gut trennen kann sich nur jemand, der sich gehalten fühlt. »Sie können nicht von jemand weggehen, der sie nicht hält«, sagt Winnicott (1986/1989, S. 93) zu seinem Analysanden. Und die Fähigkeit, erfüllt alleine zu sein, erwächst aus der von Winnicott (1965a, S. 29ff.) so benannten Paradoxie des kleinen Kindes, »in Gegenwart eines anderen alleine zu sein«. Deshalb ist die Vorstellung für viele Menschen so tröstlich, in den letzten Stunden ihres Lebens nicht allein zu sein (Elias, 1982), und ebenso beruhigend ist die Idee, nach dem Tod nicht in ein Nichts zu fallen.

Erleichtert wird das endgültige Gehen und auch das Gehenlassen, wenn die Beziehung zwischen dem Sterbenden und den Hinterbliebenen einigermaßen ausgeglichen und versöhnt ist. Wenn allerdings am Ende die Unversöhnlichkeit siegt, dann bleibt etwas für immer ungelöst und dann werden das Abschiednehmen und der Trauerprozess ungemein erschwert. Natürlich bleibt in der Regel bei jedem Tod, besonders beim plötzlichen und unerwarteten, für die Hinterbliebenen auch trotz besten Bemühens immer vieles ungesagt und ungetan.

Die vollständige Überwindung der Todesangst ist eine Illusion. Der Tod ist und bleibt ein »Skandalon«, ein Stachel, der »Ernstfall des Lebens«. Diesen Abschnitt soll eine *todtraurige* Geschichte beenden, die aber zugleich andeutet, wie man bewusst mit dem eigenen Tod umgehen kann, ohne depressiv zu werden:

> Nach einer längeren gruppenpsychoanalytischen Behandlung führe ich Anfang Dezember noch ein letztes Paargespräch mit Frau E. und ihrem Mann. In diesem letzten Gespräch ist der Bauch von Frau E. durch ihren Tumor so stark aufgebläht, als wäre sie hochschwanger. Sie hält ihre Hände zärtlich über ihren Bauch, als ob er ein Kind berge, und sagt lächelnd: »Es

sieht aus, als ob ich schwanger wäre.« In diesem Moment spüre ich deutlich, dass Frau E. ihr Schicksal angenommen hat. Anfang Januar teilt mir ihr Mann mit, dass sie zwei Tage zuvor verstorben sei. Ihre Trauerfeier hat sie weitgehend selbst organisiert und den folgenden Text von Margot Bickel (1998) für ihre Todesanzeige bestimmt: »Abschiednehmen/sich trennen/aufgeben einen Teil von sich selbst./Etwas dem Wind überlassen/den Fluten/dem Wasser./Das Sterben lernen/jeden Tag ein wenig/für das Neue/das folgt.«

Von der Vielfalt der Trauer

Trauer ist eine ebenso unvermeidliche wie natürliche Erfahrung im menschlichen Leben. Allerdings ist die Trauer störanfällig und kann in der Folge krankhaft werden. Es gibt eine Fülle von Versuchen, Differenzierungen im weiten und komplexen Bereich der pathologischen Trauer vorzunehmen. Der Begriff der »Melancholie« (aus dem Griechischen: »Schwarzgalligkeit«) wurde schon im Altertum verwendet. Heute ist er weitestgehend durch den Begriff »Depression« ersetzt.

Der Begriff der *»normalen* Trauer« erscheint unter anderem deswegen problematisch, weil die »Normalität« ein ganz breites Spektrum von Phänomenen umfasst und weil dadurch zumindest ansatzweise etwas »Normatives« in den Diskurs kommt. Yorick Spiegel (1973, S. 52) betont zu Recht, dass die Übergange zwischen »normal« und »krank« auch bei der Trauer fließend seien (vgl. auch Hagmann, 1995). Und auch die »pathologische Trauer« bezieht sich auf einen sehr ausgedehnten Bereich unterschiedlicher Erscheinungen.

Die Psychologin und Trauerforscherin Birgit Wagner (2013) differenziert beim Trauern zum Beispiel zwischen spezifischen Todesumständen. So stellt es für den Trauerprozess einen Unterschied dar, ob jemand »plötzlich und unerwartet« durch einen Unfall, eine Naturkatastrophe oder einen Gewaltakt ums Leben gekommen ist oder nach langer Krankheit und Leidenszeit oder aber in hohem Alter nach einem erfüllten Leben. Ausgangspunkt der »Revisionen der Trauer« durch den Philosophen Burkhardt Liebsch (2004, 2006) ist die Unterscheidung zwischen dem »ersetzlichen« und dem »unersetzlichen« Verlust. Wobei sich die Treue gegenüber dem Unersetzlichen nach Liebsch (2006, S. 15) vor allem auf den »einzigartigen Anderen« bezieht.

Die Gegenüberstellung zwischen »einfacher« und »komplizierter« Trauer beziehungsweise Depression findet sich schon bei Edward Bibring (1952, S. 83, 86). Vamik Volkan und Elizabeth Zintl (1993/2000) unterscheiden »unkomplizierte« und »komplizierte« Trauer. Auch Hansjörg Znoj (2004, S. 12; 2012, S. 57) stellt der »einfachen« Trauer eine »komplizierte« Trauerreaktion gegenüber. Rainer Rehberger (2004, S. 45) differenziert zwischen »akuter« und »chronischer« Trauer. Die Trauerexpertin Birgit Wagner (2013, S. 14) erwähnt in ihrem Buch *Komplizierte Trauer* außerdem die »prolongierte Trauer«. Sie diskutiert differenziert die Pläne, den Begriff der »anhaltenden Trauer« in der neuen ICD-11 aufzunehmen, und plädiert für weitere Forschungen (Wagner, 2016). Sie konstatiert, dass sich heute »im Deutschen […] der Begriff ›komplizierte Trauer‹ als Synonym für pathologische Trauerreaktionen« (Wagner, 2013, S. VI) etabliert habe.

Der französische Psychoanalytiker André Green (1993, S. 209) unterscheidet zwischen einer »schwarzen Trauer« und einer »weißen Trauer«. Wobei er die schwarze Trauer mit dem Hass beim Objektverlust und die weiße Trauer mit der Leere und dem Sinnverlust in Verbindung bringt.

Darüber hinaus kann man unterscheiden zwischen »leichter« Trauer und »schwerer« Trauer, »ungestörter« und »gestörter« Trauer oder »gewöhnlicher« und »außergewöhnlicher« Trauer. Erich Lindemann (1979/1985, S. 49) differenziert zwischen »normaler« Trauer und »krankhaften Trauerreaktionen«. Thomas Charlier beschreibt drei Versionen der Trauer: normale Trauer, Melancholie und Depression und als davon gesondert die »pathologische Trauer«. Er definiert sie als einen »komplexen Abwehrmechanismus […], der häufig nicht nur der Abwehr echter Trauer, sondern der Abwehr des depressiven Affekts überhaupt dient« (Charlier, 1987, S. 866). Schließlich spricht Eberhard Haas (2002, S. 205) von »nachholender Trauer« sowie Vamik D. Volkan und Elizabeth Zintl (1993/2000, S. 12) von »nachgeholter Trauer«.

Alle diese Systematisierungsversuche haben ihre spezifischen Vor-, aber auch Nachteile. Es erscheint bei aller Problematik jedoch grundsätzlich sinnvoll, zwischen »normaler«, »gesunder« Trauer einerseits und »pathologischen« Formen der Trauer andererseits zu differenzieren, wie Sigmund Freud (1916–17g 1915) das auch schon in *Trauer und Melancholie* versucht hat. Karl Abraham weist Freud in einem Brief vom 31. März 1915 (Freud & Abraham, 1965, S. 207) darauf hin, dass er schon früher (Abraham, 1912/1971, S. 146) von dieser Unterscheidung ausgegangen sei. Im Alltagsdiskurs kommt es allerdings häufig zu einer unscharfen Verwendung und Vermischung der Begriffe »Traurigkeit«, »Depression« und »Melancholie« (vgl. Hell, 1994, S. 150).

Burkhard Liebsch plädiert für eine »Revision der Trauer« (2006). Er stellt, ebenso wie Hansjörg Znoj (2012), die implizite Norm einer »Beendigung« der Trauer infrage zugunsten einer Betrachtung, die nach einem möglichen Sinn anhaltender Trauer forscht. Er könnte zum Beispiel darin liegen, »dem Unersetzlichen treu [zu] bleiben« (Liebsch, 2006, S. 33). Donald W. Winnicott (1963/1986, S. 71) betont den »Wert der Depression«. Und auch der Psychiater Daniel Hell fragt: »Welchen Sinn macht Depression?« (1994).

Die Psychoanalytiker haben sich seit den Anfängen ihrer Humanwissenschaft nicht nur um eine theoretische Konzeptualisierung von Trauer und Trauererkrankungen bemüht, sondern aus den fortwährend weiterentwickelten Theorien auch Folgerungen für die therapeutische Arbeit mit entgleisten Trauerprozessen abgeleitet.

Alle Versuche, die Trauer begrifflich differenziert zu fassen, machen deutlich, dass es bei der Trauer um einen sehr facettenreichen Prozess geht und dass wir uns psychotherapeutisch stets einem ausgesprochen individuellen Trauer*ausdruck* zu stellen haben, bei dem die Unterscheidung zwischen einer »normalen« Trauer und einer »pathologischen« nur ein erster grober Schritt sein kann.

»Normale Trauer« – Aspekte natürlichen Trauerns

Zur Phänomenologie der »normalen« Trauer

Da kein menschliches Lebendigsein von Veränderungen und Trennungen (vgl. Pflichthofer, 2017), von Differenzen und Verlusten verschont bleibt, ist ein Leben ohne Trauer nicht möglich. Jegliches menschliche Leben und jeder Entwicklungsprozess ist von Beginn an neben Zugewinnen und Bereicherungen immer auch von Abschiednehmen und von Verlusterfahrungen geprägt. »Der Weg der Realität ist mit verlorenen Objekten gesäumt«, wie der französische Philosoph Paul Ricœur (1965/1969, S. 281) vermerkte.

Das Spektrum der Verlusterfahrungen erstreckt sich auf einem Kontinuum von leichtesten bis schwersten Verlusten, von akuten bis zu chronischen Verlusten. Diese Verluste können äußerer oder materieller Art sein, aber auch psychischer oder ideeller Natur. Neben den Toten betrauern wir geplatzte Träume, getäuschte Hoffnungen, zerstörtes Vertrauen, unerfüllbare Wünsche oder unstillbare Sehnsüchte (vgl. Kreuzer-Haustein, 2009, S. 50). Trauern tun wir auch über ein Fehlen, einen Mangel, einen Verzicht oder überhaupt über Veränderungen (Pollock, 1978, S. 262; Volkan & Zintl, 1993/2000, S. 10), und zwar unausweichlich im Zusammenhang mit Entwicklungen (Kogan, 2011, S. 211). In unseren aufgeheizten Zeiten von Kriegen, Flucht und Migration spielt das Umgehen mit den damit verbundenen vielfältigen Verlusten für die Betroffenen eine große Rolle.

Georg Bruns (1991) differenziert zwischen »Trennung« und »Abschied«, wobei er Trennung als eher vorübergehend bestimmt, während er Abschied mit dem Tod, also mit Endgültigkeit in Verbindung bringt. Er bezeichnet »Abschied« als einen »Vorgang der inneren und äußeren Trennung, der zu einer definitiven Getrenntheit führt und erhebliche psychische Arbeit verlangt« (ebd., S. 73). Dies ist mit Abschiedsschmerz verbunden. »Schmerz ist die Emotion, welche die Trauer begleitet« (Volkan & Zintl, 2000, S. 10). Alle Varianten seelischen Schmerzes erwachsen aus einer Diskrepanz, also aus einem schmerzlichen »Nicht-mehr«.

Als »Fähigkeit zum Abschied« definiert Bruns (1991, S. 73) das Vermögen, »diesen Schmerz zu ertragen und die definitive Getrenntheit anzuerkennen«. Die »Fähigkeit zum Abschied« wird in der frühkindlichen Separationsphase des Selbst vom mütterlichen Objekt begründet und ist die Blaupause für alles spätere Abschiednehmen (ebd., S. 74). »Jeder neue Verlust knüpft an die Erfahrungen mit Verlust und Trennung in der Ontogenese des Selbst an« (Wellendorf, 2009, S. 28). Sowohl der Begriff »Trauerprozess« als auch der Begriff »Trauerarbeit« verweisen darauf, dass Trauern im Normalfall ein dynamisches Geschehen ist, ein längerer oder kürzerer Entwicklungsprozess. Freud (1909d, S. 409) nimmt für die »normale Trauer« einen Zeitraum von ein bis zwei Jahren an, die individuelle Varianz hierbei ist allerdings vermutlich sehr groß. Mitunter kann der Trauervorgang gar Jahrzehnte in Anspruch nehmen (Wagner, 2013, S. 5). Insofern ist die Zeitdauer nur sehr bedingt ein Kriterium für Normalität oder Pathologie der Trauer! Die Problematik der »prolongierten Trauer« wird auch im aktuellsten amerikanischen Klassifikationssystem psychischer Erkrankungen DSM-5 deutlich, das alles an Trauer, was einen Zeitraum von 14 Tagen (!) überschreitet, für »pathologisch« erklärt.

Für den Verlauf des Trauerns werden verschiedene Phasenmodelle angeboten. John Bowlby (1961) schlägt zum Beispiel drei beziehungsweise vier (Bowlby, 1980/1983) Abschnitte zur Einteilung des Trauerprozesses vor:

1. »Angst«, »Zorn« und »Protest«
2. »Schmerz«, »Hoffnungslosigkeit« und »Desorganisation«
3. ein »neues Gleichgewicht« mit »Hoffnung« (Bowlby, 1961, S. 319f., 331)

Und später:

1. »Betäubung«
2. »Sehnsucht und Suche nach dem Verlorenen«
3. »Desorganisation und Verzweiflung«
4. »Reorganisation« (Bowlby, 1983, S. 114ff.)

Yorick Spiegel (1973, S. 58) stellt im Anschluss an Fulcomer folgende Abfolge von vier Phasen dar: die des (1) »Schocks«, der (2) »Kontrolle«, der (3) »Regression« und die der (4) »Adaptation«.

Ob der Berner Psychologieprofessor und Trauerforscher Hansjörg Znoj (2012, S. 18) mit seinem Vorwurf gegenüber den psychodynamischen Phasentheorien Recht hat, »dass sie *Normen setzen*« (kursiv von mir), bleibe dahingestellt. Ich verstehe diese Phasen- oder Stufenmodelle, wie zum Beispiel die von Bowlby (1980/1983, S. 114), Spiegel (1973, S. 58) oder Kast (1999, S. 67ff.), als *idealtypische* Beschreibungen. Sie versuchen, notwendige Schritte der gesunden Trauerarbeit zu systematisieren. Diese Schritte stellen jedoch in der Regel keine lineare Entwicklung dar, sondern Etappen, die teilweise mehrfach mit progressiven und regressiven Schüben – man könnte auch von »Wellen« sprechen – durchlaufen werden. Und wie weit sie letztendlich tatsächlich das Ziel einer »Befreiung« erreichen, muss im Einzelfall betrachtet werden.

George Hagman kritisiert aus einer praktisch-klinischen Perspektive die bisherigen theoretischen, seiner Auffassung nach zu »pathologielastigen« Erklärungsversuche »normaler Trauer«. Er plädiert dafür, neben den individuellen psychodynamischen Faktoren auch die psychosozialen, situativen, historischen und kulturellen stärker in den Blick zu nehmen (Hagman, 1995, S. 922). Dementsprechend hat George H. Pollock (zusammenfassend 1989) das komplexe Konzept des »mourning-liberation process« (»Befreiung-durch-Trauern-Prozess«) entwickelt. Pollock konzeptualisiert damit einen universellen Umwandlungsprozess, der dem Individuum erlaubt, mit Veränderungen, Verlusten, Übergängen und Gleichgewichtsstörungen zurechtzukommen (vgl. Pollock, 2006, S. 55).

Psychodynamik des Trauerns

Ein Trauerfall stürzt das Ich-Selbst eines Menschen in eine Krise (Haas, 2002, S. 189) und irritiert in unterschiedlichem Ausmaß sein bisheriges seelisches Gleichgewicht (vgl. Moore & Fine, 1990, S. 122; Pollock, 1961). Sowohl die durch die Verlusterfahrung infrage gestellte und erschütterte Beziehung zum verlorenen Objekt als auch die zum eigenen Selbst bedürfen einer seelischen Bearbeitung und Re-Integration.

Erich Lindemann (1979/1985, S. 44ff.) definiert 1944 sechs Charakteristika der Trauer beim Verlust einer Person: (1) diverse körperliche Beschwerden, (2) übermäßige Beschäftigung mit dem Bild des Verstorbenen, (3) unterschiedlich starke Schuldgefühle, (4) aggressive und feindselige Reaktionen, (5) Verlust gewohnter oder routinierter Verhaltens- und Beziehungsmuster sowie schließlich (6) eine mehr oder weniger deutliche Identifikation mit Zügen des Verstorbenen. 1961 beschreibt Lindemann ein »Trauersyndrom«, das typischerweise umfasst:

> »(1) ein *psychologisches Störungssyndrom*: vermehrte Beschäftigung mit dem Bild des Verstorbenen, ein schmerzliches Sich-Vergraben in emotionales Leid;
> (2) *physiologische Störungen*: Appetitverlust, Erschöpfung, abnorme Atmung; und
> (3) *Störungen in den sozialen Beziehungen*: Feindseligkeit, Hilflosigkeit und Unfähigkeit, mit anderen in Beziehung zu treten« (Lindemann, 1979/1985, S. 111; kursiv i. O.).

Trauer ist häufig mit Ohnmachts-, Hilflosigkeits- und Hoffnungslosigkeitserfahrungen verknüpft. »Im Kern der traumatischen Verlusterfahrung finden wir […] extreme Hilflosigkeit und überwältigende Trauer, die bis zu dem Wunsch führen kann, selbst zu sterben, um den Trauerschmerz nicht mehr ertragen zu müssen« (Fischer & Hammel, 2000, S. 65). Eine verbreitete Erstreaktion auf einen Trauerfall dürfte deshalb der Versuch einer unbewussten *Abwehr* der Trauer sein. Zu den häufigsten seelischen Abwehrmechanismen zählen Verleugnung, Abspaltung und Verdrängung. Dazu zwei Beispiele:

> (1) Frau F. (56 Jahre alt) starb »plötzlich und unerwartet« wenige Tage nach einer gelungenen Routineoperation an einer Embolie. In der Küche der Familie hing ein Abreißkalender für jeden Tag. Das letzte Blatt vor ihrem Todestag wurde von den Angehörigen über ein Jahr lang nicht entfernt. Die Zeit war angehalten, so als ob es den Todestag nie gegeben hätte.

(2) Frau G. (48 Jahre alt) hatte sich nach langer Beziehung von ihrem Mann getrennt, tat sich aber gleichzeitig sehr schwer damit. Ungefähr ein Jahr später lädt sie zwei befreundete Ehepaare zu sich zu einem Essen ein. Sie deckt den Tisch und stellt plötzlich fest, dass sie für 6 (!) Personen gedeckt hat. In dieser unbewussten Fehlleistung hatte sie die Trennung ungeschehen gemacht.

Um das Zuviel an Schmerzen, Enttäuschungen und unlösbaren Aufgaben, die das Selbstgefühl des Menschen bedrohen (Freud, 1927c, S. 337f.), aushalten zu können, bedürfe der Mensch bestimmter Linderungsmittel. Freud (1930a, S. 432) führt derer drei an: »mächtige Ablenkungen, die uns unser Elend geringschätzen lassen, Ersatzbefriedigungen, die es verringern, Rauschstoffe, die uns für dasselbe unempfindlich machen«. Aber: »Der Spur der Schmerzen nachgehen, sage ich zu ihr, ungewappnet, das wäre der Mühe wert. Das wäre des Lebens wert«, setzt die Schriftstellerin Christa Wolf (2002, S. 184) in ihrem autobiografisch gefärbten Buch *Leibhaftig* dagegen.

Beim Trauerprozess möchte ich drei Phasen unterscheiden:

1. Eine *expressive Phase*, in der die Trauer in verschiedensten Formen zum Ausdruck gebracht wird. »Ihr elementarer Ausdruck ist zunächst der Schrei, das Schreien« (Kapfhammer, 2006, S. 23), aber auch das Gegenteil: Ein stummes Erstarren kann ebenfalls eine Form der Traueräußerung sein.
2. Eine *Arbeitsphase* der Trauerarbeit, in der ein seelisches Durcharbeiten des Verlusts erfolgt.
3. Eine *generative Phase*, in der nach Bewältigung des Verlusts neue Ich-Aktivitäten beginnen. Als »Neubeginn« bezeichnet das Michael Balint in seinem Buch *Therapeutische Aspekte der Regression* (1968/1970).

Margarete Mitscherlich (1987, S. 19) macht schließlich noch auf eine weitere bedeutsame Funktion des Trauerns aufmerksam, nämlich die *Schuldbearbeitung*: »Trauer kann als ein Prozess angesehen werden, in dessen Verlauf eine begangene schlechte Tat als solche anerkannt und eine ›Wiedergutmachung‹ angestrebt wird. Dann kann Trauer über schlechtes Handeln zu gutem

Handeln führen.« Darüber hinaus hat das eine prophylaktische Funktion: »Der Trauerprozess verhindert die zwangsneurotische Wiederholung des immer Gleichen« (ebd., S. 16).

Mit »Trauerprozess« wird der gesamte Vorgang des Trauerns vom Verlust bis zur Bewältigung des Verlusts bezeichnet. Der eigentliche Trauerprozess vollzieht sich nur im Betroffenen, die grundlegende Trauerarbeit kann nur er leisten. Da Trauern im Kern ein individueller Prozess ist, ist er unvermeidlich mit Einsamkeitsgefühlen verbunden. Schließlich gibt es Erfahrungen (wie die Shoah), die die Fähigkeit des Individuums zu trauern übersteigen.

Trauerarbeit

Der Begriff »Trauerarbeit« bezeichnet den Vorgang der seelischen Verarbeitung und im besten Fall Bewältigung eines Verlusts, eines Mangels, eines Leidens oder eines Schmerzes. Auch wenn Freud das Wort »Trauerarbeit« explizit erst in *Trauer und Melancholie* (1916–17g 1915, S. 430) verwendet, beschreibt er schon in den *Studien über Hysterie* (1895d 1893–95, S. 229) Elemente davon unter den Formulierungen »Reproduktionsarbeit« oder »Erinnerungsarbeit«. Sie sollen der »nachträglichen Erledigung« traumatischer Trauererfahrungen dienen. Freud (ebd.) spricht von »nachholenden Tränen«.

> Als Frau H. 18 Jahre alt war, starb ihre Großmutter. Ihre Mutter teilte ihr den Termin der Beerdigung nicht mit, da sie zu sehr an der Großmutter gehangen hätte und sie Frau H. diese Situation nicht zumuten wollte. »So hatte ich keine Möglichkeit, dabei von ihr Abschied zu nehmen. Das hat mich nie losgelassen.«
>
> 25 Jahre später stirbt in dem Heim, in dem sie arbeitet, ein Bewohner, den sie betreut hatte. Voller Angst versteckt sie sich zunächst hinter einer Kollegin und wagt es nicht, den Toten anzuschauen. Dann nimmt sie ihren Mut zusammen und stellt fest: »Ich kann ihn ansehen, ohne zusammenzubrechen.« Schließlich umarmt sie sogar den Toten und setzt ihm einen

> Kuss auf die Stirn. »Danach fühlte ich mich ungeheuer erleichtert. Noch mehrfach bin ich an dem Tage in das Zimmer mit dem Toten gegangen und habe ihn betrachtet.«
>
> Frau H. selbst stellt diese beiden Erfahrungen in einen Zusammenhang: »Dieser Tote gab mir auch die Möglichkeit, im Nachhinein von meiner Großmutter Abschied zu nehmen, was mir 25 Jahre zuvor nicht möglich gewesen war.«

Ein Trauerfall bringt den Betroffenen unvermeidlich in einen Ambivalenzkonflikt zwischen Aufgebenmüssen und Festhaltenwollen (Beutel, 2014, S. 949). Entsprechend enthält die Trauerarbeit zwei gegensätzliche Elemente: Die Anerkennung des Verlusts und der damit verbundenen Trauer (Loslassen) (vgl. Luft, 2003, S. 599) einerseits sowie das Bewahren der Erinnerungen als Vergangenheit (Festhalten) andererseits.

In seiner Veröffentlichung *Totem und Tabu* definiert Freud (1912–13a, S. 82) als psychische Aufgabe der Trauerarbeit: »die Erinnerungen und Erwartungen der Überlebenden von den Toten abzulösen«. Ihre Funktion sei die »Realitätsprüfung«, das heißt letztlich die *Anerkennung des Verlusts*, indem die Libidobesetzung vom verlorenen Objekt abgezogen wird. Ist diese Arbeit geschehen, so lässt der Schmerz nach. Das Ich des Trauernden wird nach der Vollendung der Trauerarbeit wieder frei (Freud, 1916–17g 1915, S. 430).

Das klassische psychoanalytische Modell der Trauerarbeit hat den Akzent überwiegend auf die Anerkennung des *Verlusts* gelegt, aber nicht ausschließlich. Die Psychologin Birgit Wagner (2013, S. 8) unterstreicht implizit die (angebliche) Pathologieorientiertheit der Psychoanalyse, indem sie die Zukunftsorientierung des *Dualen-Prozess-Modells* hervorhebt mit seiner »fortwährenden Oszillation zwischen verlust-orientierter und wiederherstellungs-orientierter Bewältigung« (vgl. Znoj, 2004, S. 9ff.).

Neuere psychoanalytische Überlegungen (etwa Meerwein, 1980; Hagman, 1995; Küchenhoff, 1996a, 1996b, 2017; Kipp, 2013) bemühen sich um eine erweiterte Verwendung des Trauerbegriffs jenseits von *Trauer und Melancholie* und betonen neben der Realitätsprüfung den zweiten Aspekt, dass nämlich mit der (trostlosen) Anerkennung der Realität des Verlusts, der

Vergangenheit auch die (tröstliche) Entwicklung eines neuen Erfahrungshorizonts, einer Öffnung und Chance, zum Beispiel ein Autonomiegewinn, verbunden sein kann. Fritz Meerwein (1980, S. 122) verweist dabei auf Winnicotts »Übergangsobjekt«, in dem einerseits das Verlorene symbolisch repräsentiert ist und das andererseits eine tröstliche kreative Neuschöpfung darstellt. Außerdem betonen zum Beispiel Hagman (1995, S. 919f.) und Küchenhoff (1996a, S. 94, 105f.), dass Trauern eben auch dem Bewahren des inneren Objekts dienen kann und nicht nur seiner (totalen) seelischen Auslöschung. »Trauer [ist] nicht einfach gleichbedeutend mit dem Abzug libidinöser Besetzungen vom äußeren Objekt, sondern auch mit der Bewahrung des inneren Objekts« (Küchenhoff, 2017, S. 55; vgl. Kipp, 2013, S. 483). Eberhard Haas (2006, S. 350) kritisiert aus seiner Sicht allerdings diese, wie er meint, »Milderungen, Abschwächungen« und Verklärungen der trostlosen Realitätsanerkennung des Todes.

Vielleicht lässt sich eine Analogie zum Verdauungsvorgang wagen: Auch bei der Aufnahme von Lebensmitteln und ihrer Verdauung wird ein Teil aufbewahrt (Festhalten) und ein anderer, der ungenießbare und unverdauliche Rest, ausgeschieden (Loslassen). Die »Bindungslösung« (Haas, 2006, S. 355) beim Trauern bezieht sich auf das gegenwärtig äußerlich nicht mehr vorhandene Objekt (Lösung), das »Konservieren« (Küchenhoff, 1996a, S. 94) auf die vergangenen, verinnerlichten Erfahrungen mit dem Objekt (Erinnerungen). Pathologisch ist lediglich die Nichtdifferenzierung oder Verwechselung der Ebenen des äußeren und des inneren Objekts.

Die Kritik der Trauerforscherin Birgit Wagner (2013, S. 6, 8) und anderer (etwa Znoj, 2004, S. 8ff.; Znoj, 2012) an einseitigen Trauervorstellungen der Psychoanalyse (ausschließlich Anerkennung des Verlusts) halte ich für ungerechtfertigt, denn schon seit Freud wird auch die Öffnung und Befreiung des Ichs für Neues am Ende des Trauerprozesses betont. Freuds (1916–17g 1915, S. 430) Formulierung vom »Ablösen der Erinnerungen und Erwartungen« muss meines Erachtens im Kontext seines gesamten Gedankenganges betrachtet werden. So definiert Freud »Trauer« durch den »Verlust des Interesses für die Außenwelt [...], die Abwendung von jeder Leistung [... und] der ausschließlichen

Hingabe an die Trauer […], wobei für andere Absichten und Interessen nichts übrigbleibt« (ebd., S. 429). Die Befreiung von der »*ausschließlichen* Hingabe« an die Trauer schließt das Bewahren guter und schöner Erinnerungen an das verlorene Objekt überhaupt nicht aus!

Die Trauerarbeit umfasst nach Erich Lindemann (1979/1985, S. 111) bei einem Objektverlust »drei wichtige Schritte: (1) das Akzeptieren der schmerzlichen Gefühle, (2) die aktive Rückerinnerung an verschiedene, gemeinsam mit dem verlorenen Menschen erlebte Situationen und Ereignisse und (3) das allmähliche Einüben und Erproben neuer Interaktionsmuster und Rollenbeziehungen«. Das ist ein oft schwieriger, langwieriger und nicht immer gelingender Prozess. Das seelische Ringen beim Trauern macht das spanische Wort »duelo« für Trauerarbeit (Haas, 2003, S. 111) deutlich, das sowohl die Trauer als auch das Duell bezeichnet.

»Das Durcharbeiten des Trauerprozesses führt schließlich zu einer besseren Differenzierung zwischen Selbst und Objekt, Vergangenheit und Gegenwart, Realität und Phantasie« (Kogan, 2011, S. 18). Die Trauerarbeit hat im gelingenden Fall die (Wieder-)Herstellung eines relativen, flexiblen Gleichgewichts zwischen Selbst und Objekt zur Folge. Dieses war durch den Trauerfall zugunsten einer extremen Besetzungsverlagerung auf das verlorene Objekt aus seiner Balance geraten. Deshalb spricht Bowlby (1961) auch von »heilsamer« (engl.: »healthy«) Trauer, Apfelbacher (2002, S. 5) von »lebensförderlicher« Trauer. Hier eine aufschlussreiche Wortschöpfung aus einer Therapie: Etwa ein Jahr nach der Trennung von ihrem Partner erschafft Frau I. den Neologismus, dass sie nun den Eindruck habe, den Verlust »vertrauert« zu haben.

Es geht bei der Trauerarbeit also einerseits um die Anerkennung der Gegenwart des Verlusts und andererseits um die Anerkennung der *Vergangen*heit der realen Beziehung zum Objekt. Wenn Joachim Küchenhoff (2011, S. 111) zu den »Bedingungen gelingender Trauer« die »Wahrnehmung und Anerkennung« des Verlusts zählt, dann ist das Realisieren eines Verlusts logisch die Voraussetzung eines Trauerprozesses, seine wirkliche *Anerkennung* aber (auch) das Ziel der Trauerarbeit.

Die Fähigkeit zu trauern – Entwicklungspsychologische Aspekte

> »Die Entwicklung der Fähigkeit zum Trauern sehe ich als eine zentrale Entwicklungsaufgabe an.«
> *Gabriele Junkers (2008, S. 170)*

Im Kern aller Trauererfahrungen geht es um affektive Reaktionen auf Trennungserlebnisse, die mit der Geburt, der Ablösung des Kindes von seiner Mutter, beginnen und erst mit der endgültigen Trennung, dem eigenen Tod, zu einem Abschluss kommen. Auf jeder Entwicklungsstufe, beginnend mit dem Geburtsakt, sind phasenspezifische Trennungs- und Verlusterfahrungen zu bearbeiten, bis hin zur »Weisheit des Alters« mit dem Bewusstsein, »dass man einmal nicht mehr sein wird« (Erikson, 1959/1970, S. 215). Jeder Mensch ist von Lebensbeginn an und solange er lebendig ist, laufenden Veränderungen unterworfen, fortwährend mit Neuem konfrontiert und damit lebenslang ständigen Verlusterfahrungen ausgesetzt. Vom Lebensanfang bis zum Lebensende bestimmen »Abschied und Neubeginn« (Balint, 1965/1966) den Menschen. Aber erst seit der Zeit, in der ein Bewusstsein von der Existenz des Selbst und der Objekte erwacht, beginnt auch das bewusste schmerzhafte Erleben von Trennungen. Denn verlieren kann ich nur etwas, was ich zuvor in Besitz genommen habe oder, psychoanalytisch formuliert: das ich vorher emotional »besetzt« habe. Die Erfahrung des Verlusts resultiert aus der *Differenz*, dass etwas existiert, das dann nicht mehr vorhanden ist.

Die Erfahrung von »Da-Sein« und »Nicht-Dasein« gehört zu den frühesten nachgeburtlichen Erfahrungen. Im intrauterinen Stadium gab es fast ausschließlich ein »Immer-da«. Das Bindungsbedürfnis führt nach der Geburt zu Erfahrungen von Zusammensein und entgegengesetzten Erfahrungen von Alleinsein. Somit ist Verlust die erste Erfahrung, nachdem die Erfahrung von Sein gegeben ist. Entsprechend ist es auch in der Entwicklung der Menschheit. Schon früh, nachdem der Mensch ein Bewusstsein vom eigenen und fremden Sein entwickelt hatte, wurde der Verlust eine bedeutsame Erfahrung – und der dazugehörige Affekt ist die Trauer.

Die Geburt stellt die *Urform des Exodus* dar und somit die erste gravierende Verlusterfahrung im Leben. Es ist die erste markante Erfahrung einer Trennung einer zuvor weitgehend als *Einheit*, respektive Ununterschiedenheit, erlebten beziehungsweise fantasierten Situation. Aus der engen Verbundenheit zwischen Kind und Mutter in den ersten neuen Lebensmonaten verbleibt zunächst eine Fantasie der Nichtgetrenntheit. Nach dem Geborenwerden ist allerdings nichts mehr so, wie es war. Die »Harmonie mit dem Grenzenlosen« (Balint, 1968/1970, S. 83), das »ozeanische Gefühl [...] der unauflöslichen Verbundenheit, der Zusammengehörigkeit mit dem Ganzen der Außenwelt« (Freud, 1930a, S. 422) zerbricht und wird unheilbar verwundet. Das anschließende neue Erleben von Abwesenheit – zunächst der Mutter – macht erst das bewusste Erleben von Anwesenheit möglich. Vorher *Selbstverständliches* muss nach der Geburtstrennung vom Säugling aktiv aufgenommen werden wie das Atmen, die Nahrungsaufnahme und das Ausscheiden. »Mit Mühsal sollst Du Dich ernähren [...] im Schweiße Deines Angesichts [...] und er vertrieb den Menschen« aus dem Garten Eden, dem Paradies, heißt es entsprechend bildhaft in der Bibel (1 Mose 3,17–24). Der *Heimatverlust* gehört zu den traurigsten Erfahrungen von Menschen.

Da zum Zeitpunkt der Geburt und für das Neugeborene im Erleben noch keine klar von ihm abgegrenzten Objekte existieren, kann man für diese Zeitspanne nicht von einem Objektverlust sprechen. Aufgrund der Unstrukturiertheit von Zeit, Raum, Selbst und Mitwelt ist jede Bedrohung vielmehr eine totale. Die frühen Verluste sind *existenzieller* Natur (»alles oder nichts«). Jede Trennung von der Mutter kann zunächst noch nicht als eine temporäre erfasst werden, sondern wird wie eine endgültige erlebt (vgl. Freud, 1926d, S. 203).

Für das Neugeborene sind anfänglich Angst und Trauer nicht zu unterscheiden, erlebt wird ein diffuses Gefühl existenzieller Bedrohung. Angst und Trauer sind aus diesen frühkindlichen Erfahrungen emotionale Geschwister. Auch im späteren Leben treten sie nicht selten zusammen auf. Die traumatische Gefahr bei der Geburt und einige Zeit danach ist der Seinsverlust, das völlige Nicht-Sein. »Angst auf dieser frühen Stufe [...] ist in Wirklichkeit Angst vor der Vernichtung (Aphanisis)« (Winnicott, 1965a, S. 41).

Die Fähigkeit, Trennungen zu ertragen, ist erst ein allmählicher Entwicklungserwerb. Er wird begründet in Erfahrungen, dass einerseits das Selbst und andererseits das Objekt all die existenziellen Vernichtungsdrohungen »überleben« (Winnicott, 1984). Erst das Bilden von »Re-Präsentanzen«, mentalen Niederschlägen von Erfahrungen, Objekt-Repräsentanzen und Selbst-Repräsentanzen, differenziert und strukturiert das diffuse »Alles« und erlaubt Unterscheidungen zwischen dem, das vergeht, und dem, das verbleibt.

Die Separation zwischen Mutter und Kind – zwischen *Objekt* und *Selbst* –, also der Verlust fantasierter Ungetrenntheit, ist die unbedingte Voraussetzung für den Individuationsprozess des Menschen. Im Sinne des Separations- und Individuationsvorganges ist Trauer ein »lebenslanger Prozess« (Mahler, 1972, S. 333). Das Zerbrechen der »Harmonie mit dem Grenzenlosen« ist einerseits ein herber Verlust, der betrauert werden muss, andererseits die unumgängliche Voraussetzung für die Unterscheidung zwischen Selbst und Objekt. Und erst diese Differenz ermöglicht das Aufnehmen einer hoffnungsvollen Beziehung zum Objekt. Winnicott (1989, S. 218ff.) bezeichnet das als »Objektverwendung« (engl.: »object use«) im Kontrast zur unspezifischeren »Objektbeziehung«, um den nun beginnenden möglichen wechselseitigen Austausch zwischen beiden zu unterstreichen.

Bei jedem Übergang vom Wachzustand in den Schlafzustand erfolgt eine mentale Trennung von der äußeren Welt, für das Kind zum Beispiel von der Mutter. Darüber hinaus wird aber auch der Schlaf insbesondere vom Kleinkind als ein Seinsverlust erlebt, zumindest ein Bewusst-Seins-Verlust. Vielleicht deswegen bezeichnet man den Schlaf ja auch als den »kleinen Bruder des Todes«. Aus diesem Grund sind besonders für Kinder Abschiedsrituale vor dem Schlafengehen und Begrüßungsrituale (sogenannte »Übergangsphänomene«) beim Aufwachen so hilfreich und erleichternd (tröstlich), wobei auch Schmusetiere oder Schmusedecken (sogenannte »Übergangsobjekte«) hilfreich sein können. Sie können die Übergänge in den und aus dem beängstigenden Zustand der Bewusstlosigkeit im Schlaf in tröstlicher Weise erleichtern. Ähnlich tröstend ist es zum Beispiel, wenn ein Kind eine Narkose erhalten muss, dass es dann beim Wachwerden aus der Bewusstlosigkeit von einer vertrauten Person erwartet wird.

Nach psychoanalytischer Auffassung sind mit jeder Entwicklungsphase eines Menschen ganz bestimmte Ängste verbunden, zum Beispiel die Geburtsangst, die Vernichtungsangst, die Achtmonatsangst (Fremdeln), die Trennungsangst, die Angst vor Liebesverlust, die Strafangst oder die Gewissensangst. In der Angst vor dem Tod verdichten sich alle Ängste unseres Lebens.

In seiner Arbeit *Jenseits des Lustprinzips* beschreibt Freud (1920g) das »erste selbstgeschaffene Spiel« seines damals eineinhalbjährigen Enkels Ernst, das der Bewältigung der Trennung von seiner Mutter dienen sollte.

> Freud fiel zunächst auf, dass Ernst nie weinte, wenn die Mutter ihn für Stunden verließ. Stattdessen warf er alle kleinen Gegenstände, derer er habhaft werden konnte, weit von sich weg und begleitete dies mit einem lauten und langgezogenen »o-o-o-o«, das »fort« bedeutete (Freud, 1920g, S. 12).
>
> Einige Zeit später wurde das »Fort-Spiel« von Ernst erweitert zu einem »Fort-da-Spiel«. In dieser zweiten Phase warf Ernst eine Holzspule, die mit einem Bindfaden umwickelt war, über den Rand in sein verhängtes Bettchen, sodass sie für ihn nicht mehr sichtbar war, verbunden mit dem bedeutungsvollen »o-o-o-o«. Dann zog er die Spule mit dem Faden wieder aus dem Bettchen heraus, verbunden mit einem freudigen: »Da« (ebd.).

Freud kommentiert: »Das war also das komplette Spiel, Verschwinden und Wiederkommen.« Und weiter: Das Kind »war dabei *passiv*, wurde vom Erlebnis [Fortgehen der Mutter] betroffen und bringt sich nun in eine *aktive* Rolle« (ebd., S. 13; kursiv von mir), es macht sich sozusagen zum »Herren der Situation« (ebd., S. 14f.), geht aus der »Passivität des Erlebens in die Aktivität des Spielens« (ebd., S. 15). Freud interpretiert das »Wegwerfen des Gegenstandes [als] Befriedigung eines im Leben unterdrückten Racheimpulses gegen die Mutter […], weil sie vom Kinde fortgegangen ist, [… das] dann die trotzige Bedeutung haben [könnte]: ›Ja, geh' nur fort, ich brauch' dich nicht, ich schick' dich selber weg‹« (ebd., S. 14) – und kann dich selber wieder herbeiholen.

Viele Jahrzehnte später beschreibt Winnicott (1965a, S. 153ff.) den *Bindfaden als Technik der Kommunikation.*

> Er berichtet dort von seiner Begegnung mit einem siebenjährigen Jungen, der in seinen frühen Kinderjahren vielfältigen

> Trennungen von seiner depressiven Mutter ausgesetzt war. Zu seinen diversen Symptomen gehörte, dass er im Haus alle möglichen Gegenstände mit Bindfäden zusammenband.
>
> Winnicott (ebd., S. 154) versteht diese »Bindfadenbesessenheit« und erklärt sie den Eltern als Umgang mit seiner Trennungsangst und als Versuch, die Trennung zu verleugnen. Als die Mutter, die zunächst sehr skeptisch bezüglich dieser Deutung ist und sie absurd findet, einige Zeit später mit ihrem Jungen über die Trennungen und seine Angst vor dem Kontaktverlust spricht, hört das »Bindfaden-Spiel« schlagartig auf (ebd., S. 155).

In der von den Psychoanalytikern sogenannten »analen Phase« (2./3. Lebensjahr) geht es im Zusammenhang mit dem Erwerb der Beherrschung der Ausscheidungen vorwiegend um die Spannung zwischen Festhalten und Loslassen. Sowohl das eine wie das andere kann vom Kind als lustvoll erlebt werden. Damit kann das Aufgeben und Verlieren neben der Trauer eine neue emotionale Qualität erreichen. Da in der Entwicklung das Aufgeben eines Zustandes außer dem Kummer auch den Erwerb einer neuen Fähigkeit und damit eine Befriedigung verschafft, wird auch dadurch ein alternatives Gefühl zur Trauer möglich. »Selbst laufen zu können setzt zum Beispiel das Verlassen des mütterlichen Schoßes [oder der haltenden Hand] und das Ertragen unzähliger Stürze voraus und eröffnet dann neue Räume« (Teising, 2017, S. 22).

Martin Teising (ebd.) macht auf den wichtigen Unterschied zwischen freiwilligen und erzwungenen Trennungen aufmerksam. Letztere werden eher als schmerzhafte Verluste erlebt, die ein Betrauern erfordern. Erstere stellen nicht selten Befreiungen dar und sind von daher vorwiegend mit Glücksgefühlen verbunden.

Die gelingende Bewältigung der »ödipalen Konstellation« (4./6. Lebensjahr) setzt den inneren und äußeren Verzicht auf das geliebte und begehrte gegengeschlechtliche Objekt voraus. Auch dieser Verlust mit der damit einhergehenden Trauer ist zugleich der Beginn einer gesunden Entwicklung, die sich neuen Liebesobjekten jenseits von Vater und Mutter zuwenden kann.

Die Adoleszenz ist eine weitere gravierende Phase des Aufgebens und Neuerwerbs (vgl. Auchter, 1982, 2017b). In der Pubertätszeit geht der kindliche Körper mehr und mehr verlorenen und muss durch den Körper eines Mannes oder einer Frau ersetzt werden. Auch muss Abschied genommen werden von der bisherigen Kind-Eltern-Beziehung. »Die Ablösung des Kindes von den Eltern […] wird zur unentrinnbaren Aufgabe, wenn die soziale Tüchtigkeit des jungen Individuums nicht gefährdet werden soll« (Freud, 1930a, S. 463). Bei diesem schmerzlichen Trennungsprozess kann die verstärkte Orientierung des Heranwachsenden an der Gleichaltrigengruppe eine wichtige Unterstützung darstellen. Auch für die Eltern stellt das zunehmende Loslassen der heranwachsenden Kinder in dieser Zeit eine besondere Herausforderung dar. Es gibt keine Ablösung, die nicht (auch) mit Trauer einhergeht.

»Geteiltes Leid ist halbes Leid« – Psychosoziodynamik des Trauerns

Trauern kann erleichtert werden, wenn die Trauer mit anderen geteilt wird (vgl. Wellendorf, 2009, S. 33f.). »Damit Trennungen verarbeitet werden können, muss es Beziehungserfahrungen geben, die einen Rahmen bilden, der es erlaubt, die Trennungserfahrungen aufzufangen oder einzuordnen« (Küchenhoff, 1996b, S. 195).

Nach größeren tragischen Ereignissen wie Naturkatastrophen oder Attentaten suchen viele Menschen die Gemeinschaft. Erfahrungen von *Solidarität* können die Trauer abmildern. Andere bevorzugen es dagegen, ihrer Trauer allein zu begegnen, und ziehen sich kurzfristig oder länger von anderen zurück. So ist es hilfreich, wenn in derartigen Krisenzeiten »Möglichkeitsräume« (Winnicott) für individuelle, aber vor allem für kollektive Trauer, zum Beispiel Kirchenräume oder öffentliche Orte, zur Verfügung stehen. Symbole der geteilten Trauer sind auch die Kerzen, Blumen, Texte und Gegenstände, die an der Stelle eines Unfalls, eines Verbrechens oder eines Terroranschlags niedergelegt werden. Trauerfeiern, Trauerandachten oder Trauergottesdienste stellen andere Formen hilfreichen gemeinschaftlichen Trauerns dar. In der Gemeinschaft können *Em*pathie (Einfühlung) und *Sym*pathie (Mitgefühl) wirksam werden. »Das Gegengewicht von Katastrophe, Verlust, Schnitt, Grenzziehung liegt in der *Beziehungserfahrung*« (Küchenhoff, 1999, S. 41; kursiv von mir).

> Als in meiner Studienzeit ein Mitglied einer Gruppe von Gleichaltrigen, die sich Taizé verbunden fühlten, plötzlich durch ein geplatztes Aneurysma aus dem Leben gerissen wurde, versammelten wir uns bis zu seiner Beerdigung allabendlich für eine halbstündige Besinnung in der Kapelle der Katholischen Hochschulgemeinde. Diese Gemeinschaftserfahrung bestärkte uns in der Verarbeitung dieses völlig unerwarteten schweren Verlusts unseres jungen Freundes.

Nach terroristischen Anschlägen, die ja wesentlich die Funktion haben, Angst zu verbreiten (»Terror« bedeutet »Angst« oder »Schrecken«), sind neben der Trauer um die Toten und Verletzten bedeutsame emotionale Gegenmittel die Wut und der Zorn. Trauer und Trotz gegen die Angst bestimmen die kollektiven Reaktionen und sind ein gutes Antidot gegen die Infektion mit der Destruktion des Terrors. *Meinen Hass bekommt ihr nicht* betitelt der französische Journalist Antoine Leiris (2016) sein Buch als Reaktion auf die Ermordung seiner Frau durch die Pariser terroristischen Attentäter im Bataclan im Jahre 2015.

Man kann bei Kindern beobachten, dass sie nach einer Schmerz- oder Leiderfahrung erst in dem Moment zu weinen beginnen, wenn sie der Mutter oder einer anderen bedeutsamen Bezugsperson angesichtig werden. Die Gegenwart eines anderen aufnahmebereiten, offenen, zuhörenden Menschen kann eine wichtige Voraussetzung sein, sich jemandem mit dem Kummer anzuvertrauen und ihn sich von der Seele reden zu können. Echtes »Bei-Leid« kann den Trauernden erleichtern. In vielen Städten sind mittlerweile »Trauerclubs« und »Trauercafés« entstanden, die von Trauer Betroffene aufsuchen können, oder spezielle »Trauergruppen« wie für betroffene Kinder.

Die Wissenschaft, die sich speziell der Angst vor dem Sterben widmet, ist die Palliativmedizin (Bausewein, 2015, 12f.). »Palliativ« leitet sich vom lateinischen Wort »pallium« (»Mantel«) oder »palliare« (»umhüllen«) ab (Albus, 2015, S. 7; Conrad, 2013,

S. 113). Die Palliativ- und Hospizbewegung wächst ständig (Bausewein, 2015). Die Palliativmedizinerin Claudia Bausewein (2015, S. 12f.) definiert als Therapieziel »ein friedliches, würdevolles Sterben« durch fürsorgliche Begleitung des Patienten und seiner Angehörigen sowie die Linderung körperlicher Symptome und Beschwerden.

»Man kann jemand, der dem Tod gegenübersteht, keinen größeren Dienst erweisen […], als ihm reine Anwesenheit anzubieten«, schreibt Irving Yalom (2008, S. 124). Von dieser Erfahrung profitiert jedoch nicht nur der Sterbende, sondern auch der dabei Begleitende.

Trauerkultur – Rituale und Symbole des Abschieds

Wahrscheinlich gibt es für keinen anderen menschlichen Erfahrungsbereich so viele Rituale und Bräuche wie für das Sterben und für Bestattungen (vgl. Haas, 2002, S. 189). Hannes Stubbe (1985) gibt hier einen informativen, differenzierten transkulturellen Überblick. Karl-Ernst Apfelbacher (2002) untersucht die kultur- und religionsgeschichtlichen Wurzeln und Konstellationen, aus denen die abendländische Geschichte des Umgehens mit der Trauer erwächst.

Riten besitzen für Menschen die grundsätzliche Funktion, Krisen und Konflikte leichter und besser bewältigen zu können. Rituale als festgelegte, gleichförmig wiederholte Handlungen dienen als »spezifische Wirklichkeitsbeziehung« (Hauschildt, 1993, S. 29) der Alltagsbewältigung (Lindner, 2002, S. 40), der Konfliktbewältigung und der »Weltbewältigung« (ebd., S. 31), indem sie dabei helfen, die Wirklichkeit zu ordnen und zu interpretieren. Sie vermitteln durch ihre Konstanz Halt, Sicherheit und Festigkeit angesichts ständiger Veränderungen, besonders bei den *Übergängen* des Lebens (Initiationsrituale u. Ä.), angesichts der *Vergänglichkeit* oder bei individuellen oder kollektiven traumatischen Erschütterungen.

Die Urformen von Ritualen lassen sich wohl schon auf die intrauterinen Erfahrungen im Mutterleib zurückführen. Neben den fortwährenden neuen Reizen erlebt das Ungeborene auch ständige *Wiederholungen* wie die Körpergeräusche der Mutter (Herzschlag, Atmung, Verdauung). Sie setzen sich fort und werden verstärkt durch den nachgeburtlichen intensiven körperlichen Austausch wie wiederholte, »ritualisierte« früheste Körperbewegungen, zum Beispiel Streicheln, Saugen, Summen. Sie erleichtern dem Neugeborenen den Übergang vom intrauterinen in das extrauterine Stadium mit den damit verknüpften »Urverunsicherungen« und Verlusten. Erik H. Erikson lässt seine »Ontogenese der Ritualisierung« (1968) nachgeburtlich mit der »regelmäßigen gegenseitigen Bestätigung und Sicherung« im gelingenden Dialog zwischen Säugling und Mutter beginnen. »Wichtig bleibt die Wiederholung, die Sicherheit [...], die Gewissheit, daß Rituale immer gleich ablaufen« (Henseler, 1995, S. 146).

Erst die Abwesenheit (Nicht-Präsenz) des äußeren Objekts zwingt das Subjekt dazu, innere Re-Präsentanzen zu bilden, die das Fehlen, den Verlust oder den Mangel kompensieren sollen. Bedingung für das Bilden von Symbolen und Zeichen ist, dass das zu Symbolisierende real verschwunden ist. Der Verlust ist also Voraussetzung für das Fantasieren (Freud, 1908e, S. 216) und das Denken (Bion, 1963, S. 428). Sowohl das Symbol (Beres, 1970, S. 934) als auch die Re-Präsentanz (Lang, 1973, S. 224; Muensterberger, 1967, S. 21) sollen dazu dienen, einen Verlust ungeschehen zu machen, etwas Vergangenes psychisch zu vergegenwärtigen beziehungsweise gegenwärtig zu halten. »Ein Symbol ist wie ein Niederschlag der Trauer um ein Objekt« (Segal, 1991/1996, S. 60). »Die Getrenntheit wird dadurch vermieden, dass der potentielle Raum mit kreativem Spiel, dem Gebrauch von Symbolen und alldem, das sich allmählich zum kulturellen Erleben zusammenfügt, angefüllt wird«, schreibt Winnicott (1971, S. 109). Darin liegt der Beginn der Symbolisierung. Vamik D. Volkan (1972) hat den schönen Begriff der »linking objects«, also der »Brückenobjekte«, geschaffen, die eine Verbindung, eine Brücke zu dem verlorenen Objekt erhalten sollen.

Trauerrituale und Trauersymbole wie Sechswochenamt, Jahrgedächtnis, Grabmale, Erinnerungstafeln etc. betrachte ich unter einer Doppelfunktion: Sie stellen eine Kompromissbildung zwischen Festhaltenwollen und Loslassenmüssen dar. Einerseits sind es Symbole, die Erinnerungen wachhalten können, Ausdruck des Nichtloslassens, andererseits aber auch Symbole, die den endgültigen Verlust verdeutlichen, Ausdruck des Freigebens des Verlorenen. »Jedes Bild ist – als Metapher der Trauer – nämlich immer beides zugleich: das Verschwinden des Lebens und sein hartnäckiges Fortdauern« (von Naredi-Rainer, 2006, S. 64). Der möglichen Flüchtigkeit dieser Anerkenntnis der Vergänglichkeit muss dann vielleicht noch mit einem schweren Grabstein entgegengewirkt werden.

Allerdings bleibt die Frage, ob Trauer das einzige Motiv für Grablegungen oder andere Rituale im Umgang mit Toten ist oder ob vielleicht auch andere unbewusste Beweggründe dabei eine Rolle spielen. So könnte man überlegen, ob eine der Funktionen von Trauerritualen darin besteht, die mit den Toten, dem Tod und dem Ungewissen danach verknüpften bewussten und unbewussten Ängste zu besänftigen. Könnten die schweren Grabsteine vielleicht eine unbewusste Versicherung dafür sein, dass die Toten nicht als »Untote« oder (böse) Geister wiederauferstehen? Auch bei vielen Naturvölkern besitzen Totenrituale die Funktion, dass die Seelen der Verstorbenen nicht wiedererscheinen. Ähnlich könnte das offenbar uralte Bestattungsritual der wiederholten Begrabung und Ausgrabung der Toten, verbunden mit einer zunehmenden Zerlegung des Skeletts bis zu seiner völligen Auflösung (vgl. Franz, 2017), auch als absolute Versicherung vor einer Wiederkehr der Verstorbenen interpretiert werden. Neben der ökonomischen Funktion eines »Beinhauses«, wenn die Friedhöfe überfüllt waren, könnte die »ordentliche«, systematische Aufschichtung der verschiedenen Knochen unbewusst vielleicht auch den denselben Sinn haben, nämlich eine Rückkehr der Toten (als Ganze) auszuschließen.

Der auf altmexikanischem Glauben von der jährlichen Wiederkehr der Verstorbenen Anfang November beruhende »Dia de los Muertos«, bei dem auf den Friedhöfen (im Geiste zusammen mit den Verstorbenen) fröhliche Gelage gefeiert werden, lässt sich auf der unbewussten Ebene vielleicht ähnlich als eine jährlich wiederkehrende Versicherung, dass die Toten wirklich tot sind und bleiben, verstehen – und lässt sich so vielleicht auch die *Ausgelassenheit* begründen, die aus dieser unbewussten Abwehr der (Rückkehr der) Toten resultiert?

Formalisierte und ritualisierte Aktivitäten bei Trauerfällen, wie das Aussuchen des Sarges, das Verfassen und Verschicken von

Traueranzeigen, die Vorbereitung der Trauerfeier, möglicherweise ein Trauergottesdienst oder eine säkulare Form wie die gemeinsame Mahlzeit nach dem Begräbnis, können eine erste Hilfe beim Bewältigen der Trauer darstellen. Der »Leichenschmaus«, der ein Symbol dafür ist, dass die Trauernden wieder in die Gemeinschaft der Lebenden zurückkehren, wird heute allerdings immer weniger praktiziert. Im Wandel der veränderten Totenkultur droht das gemeinsame Erleben und Gedenken immer mehr verloren zu gehen. Allerdings gibt es auch hier eine Gegenbewegung: Die modernen Kommunikationsstrukturen und die neuen sozialen Medien generieren auch neue gemeinschaftliche Trauerräume, zum Beispiel im Internet. Solche virtuellen Erinnerungsorte scheinen immer häufiger die realen zu ersetzen.

Die »anniversary reactions« wurden zuerst von dem amerikanischen Psychologen Ernest R. Hilgard (1953) beschrieben und dann von dem Psychoanalytiker Ludwig Haesler (1985) in Deutschland bekannt gemacht. Dabei handelt es sich um regressive Phänomene, die in einem sinnhaften Datumsbezug stehen, zum Beispiel zu einem Todestag. Diese können bewusst, ritualisiert hervorgerufen werden, wie beispielsweise bei einem »Jahrgedächtnis«, und dem weiteren Fortschreiten des Trauerprozesses dienen. Haesler beschreibt aber auch eine ganze Reihe von Anniversary-Phänomenen bei Patienten, die unbewusst motiviert auftreten.

> (1) Ein 43-jähriger Patient erkrankt am Tage der »heiligen Erstkommunion« seines neunjährigen Sohnes an einer relativ banalen Störung. Diese hindert ihn daran, den Jungen in die Kirche zu begleiten. Das führt bei dem Patienten zu einer länger andauernden depressiven Verstimmung. »Die eigene Mutter des Patienten, die seinerzeit, als der Patient 9 Jahre alt gewesen war, ebenfalls zu dessen Erstkommunion hatte mitgehen sollen, hatte eben dies nicht gekonnt, weil ihr ›unwohl‹ gewesen war – als erstes Zeichen einer schweren Erkrankung, der sie 3 Jahre später, 46jährig erlegen war« (Haesler, 1985, S. 216).

> (2) Eine andere Patientin hatte »mit erheblichen Gewissensbissen und gegen den erklärten Willen der Mutter die Ablösung

vom Elternhaus und die von ihr ersehnte Realisierung ihrer Sexualität als Frau und Mutter mit einer ›Muss-Heirat‹ bewusst erzwungen. 11 Jahre später war ihr geliebter Mann an einem Magenkarzinom gestorben. Sie hatte sehr um ihn getrauert, jedoch die strikte Forderung der Schwiegermutter, auf keinen Fall sich wieder zu verheiraten, nicht ertragen wollen und 3 Jahre später einen anderen Mann geheiratet, mit dem sie glücklich wurde. Nach 11 Jahren Ehe entwickelte sie eine Fülle angstbestimmter psychovegetativer Symptome, vor allem ›Magenschmerzen‹. Nicht lange zuvor war ihre sexuelle Erlebnisfähigkeit auf ihr unerklärliche Weise verloren gegangen. Als in dem Gespräch die anniversary-Bedeutung ihrer Symptombildung sukzessive erarbeitet wurde, konnte sie erinnern, wie sie sich in ihrer zweiten Ehe wiederholt bewusst mit dem von ihr aber als ›unsinnig‹ verworfenen Gedanken auseinandergesetzt hatte, dass für sie und ihren zweiten Mann das 11. Jahr ihrer Ehe sehr ›kritisch‹ werden müsse« (ebd., S. 229).

Beachtenswert sind auch die Farben der Trauer. Die Trauerfarbe variiert in den verschiedenen Kulturkreisen und Zeiten. Seit der Antike spielt das Schwarz als Trauerfarbe im abendländischen Kulturkreis eine dominierende Rolle (Stubbe, 1985, S. 31). In anderen Ländern – zum Beispiel Australien, Sudan oder Russland – wird das Weiß als Trauerfarbe genutzt, was vielleicht eine Identifikation mit der Totenblässe darstellen soll (ebd., S. 32f.). Im Mittelmeerraum war zumindest in der Antike die Farbe Rot (»Blut«) bei Trauerfällen verbreitet. In jüngerer Zeit finden auch in Deutschland immer mehr farbig-bunte Särge und Urnen Verwendung, ursprünglich in den 1990er Jahren aus der Homosexuellenszene stammend. Auch hierbei haben wir es mit einer Individualisierung der Trauer zu tun.

Eberhard Haas (2002, S. 191) betont im Anschluss an René Girard an den Trauerritualen ihre transformierende oder transzendierende Funktion für die Gewalt und das Böse, die mit dem Tod eines Menschen in das Leben einbricht und die bisherige »Ordnung« erschüttert. Am Ende der Abschiedsrituale steht die Wiederherstellung der klaren »Demarkationslinie« zwischen den Lebenden und den Toten sowie die »Bekräftigung der alten Ordnung«, die ein Weiterleben im Diesseits ermöglicht (ebd., S. 197).

»Das Gelächter ist der Hoffnung letzte Waffe« – Trauer und Humor

Auf den ersten Blick scheinen Trauer und Humor in einem völligen Gegensatzverhältnis zu stehen, aber schon vor ungefähr 3.000 Jahren stellte das biblische Buch *Kohelet* zumindest einen Zusammenhang her: »Es gibt eine Zeit zum Lachen und es gibt eine Zeit zum Weinen.« Die Formulierung »Tränen lachen« verdichtet die Nähe der beiden – eigentlich kontradiktorischen – Affekte. Wir fühlen uns an Freuds (1910e) Schrift *Über den Gegensinn der Urworte* erinnert, in der er in den ägyptischen, semitischen und indogermanischen Sprachen auf Worte verweist, die entgegengesetzte Bedeutungen in sich vereinen. »Ich könnte mich totlachen« – wenn dieses Lachen tatsächlich mit dem Tod enden würde, wäre das eine hochgradige Pathologie!

Eine recht verbreitete Definition ist: »Humor ist, wenn man trotzdem lacht.« Sie stammt ursprünglich von dem Schriftsteller Otto Julius Bierbaum (zit. n. Titze & Eschenröder, 1998, S. 12). Das »trotzdem« in Bierbaums Definition weist darauf hin, dass die Wurzel des Humors in einer gegenteiligen Erfahrung steckt. Humor erwächst aus widrigen Situationen, in denen zuerst unlustvolle Gefühle erweckt werden, in denen ein Grund besteht, Schmerz zu empfinden, zu leiden, zu trauern, sich zu erschrecken, sich zu grausen, sich zu ärgern, zu klagen oder vielleicht zu verzweifeln. Sprichwörtlich ist der »Galgenhumor«. Im Hintergrund des Humors stehen also die menschlichen Leidensmöglichkeiten oder, wie Charlie Chaplin es einmal poetisch ausgedrückt hat: »Auf dem Grunde des Lächelns schwimmt eine Träne.« Wenn die Not am größten ist, dann schlägt die Stunde der Komödianten. »Wir lachen aus verwandeltem Schmerz«, formuliert der Schriftsteller Wilhelm Genazino (2004, S. 176). Sigmund Freud (1905c, S. 262) bezeichnet diese Reaktion als »Seelengröße«.

Der Humor gehört zu den seelischen Bewältigungsstrategien des Menschen für das Leben und seine Widrigkeiten, die soziale Regulation und die Meisterung von Leiden (vgl. Auchter 2006a).

(1) Ein illustres Beispiel dafür ist der Entertainer Hape Kerkeling, dessen Kindheitserinnerungen *Der Junge muss an die frische Luft* gerade erfolgreich verfilmt worden sind. Sein Groß-

vater hatte ihm gesagt: »Du kannst alles im Leben erreichen, wenn Du Dich nur genügend anstrengst.« Und so versuchte der kleine Hape, immer von Neuem seine zunehmend an Depression erkrankte Mutter aufzuheitern. Letztlich konnte er aber nicht verhindern, dass sie sich schließlich das Leben nahm. Aus dieser traumatischen Erfahrung blieben Hape Kerkeling einerseits Schuldgefühle: »Wenn ich mich noch mehr angestrengt hätte?« Andererseits ist der Suizid seiner Mutter sicher eine starke unbewusste Antriebsfeder für ihn, möglichst viele Menschen durch seine Kunst zu erheitern.

(2) Die »Jungfrau« im Kölner Dreigestirn des Jahres 2019, Michael Everwand, nennt sich »Catharina« in Erinnerung an sein Töchterchen, das 2010 an einem Herzfehler im Alter von nur 14 Monaten verstorben ist. Seine Amtszeit im Karneval hat er ihr gewidmet.

Der Philosoph Simon Critchley (2002/2004, S. 125) spricht vom »goldenen Lachen tragischer Bejahung«. Dieser Humor überspielt die beängstigende und schmerzhafte Realität, indem er so tut, als ob sie nicht existiere (Thielicke, 1974, S. 86), er entwindet sich also der Bedrohung durch das Schicksal, »indem er sich in die Distanz des Spieles begibt« (ebd., S. 92). Die Realität, die Welt, das Leiden und der Tod lassen sich natürlich nicht wirklich überwinden, es geht, wie der Theologe Helmut Thielicke (ebd., S. 93) vermerkt, »immer um eine gespielte Weltüberwindung«. Die humorvolle Einstellung geht damit jedoch um, als wolle sie sagen: »Sieh her, das ist nun die Welt, die so gefährlich aussieht, ein Kinderspiel, gerade gut genug, einen Scherz darüber zu machen« (Freud, 1927d, S. 389).

Der Humor dient dem Menschen nach dem Psychoanalytiker Heinz Kohut (1975, S. 163) der innerlichen Meisterung, die »Erkenntnis seiner Endlichkeit im Prinzip und selbst seines bevorstehenden Endes zu ertragen«. Humor erwächst aus einer »ruhigen, überlegenen Haltung, die ihn befähigt, philosophisch sein eigenes Ende zu betrachten«. Er erlaubt uns, »den Tod ins Auge zu fassen, ohne zur Verleugnung greifen zu müssen«. »Die tiefsten Formen des Humors […] bieten daher nicht ein Bild von Größenideen und Hochstimmung, sondern das eines ruhigen inneren Triumphes mit einer Beimischung unverleugneter Melancholie« (ebd., S. 164). *Das Gelächter ist der Hoffnung letzte Waffe* lautet entsprechend der Untertitel des Buches *Das Fest der Narren* des britischen Theologen Harvey Cox (1972).

»Der große Clown karikiert das typisch und ewig Menschliche« (Grotjahn, 1957/1974, S. 104), und dazu gehört natürlich auch der Tod. Vor allem in der Gestalt des »weißen Clowns« – unvergesslich seine Darstellung durch Jean-Louis Barrault in dem Film *Die Kinder des Olymp* (Marcel Carné, 1943) – wird der Clown zum Todessymbol. »Sein Schweigen und seine Maske, so verbreitet und beliebt bei Clowns, sind Todessymbole; sie erinnern uns an die bleiche Farbe der Skelette oder an den Totenkopf« (Grotjahn, 1957/1974, S. 104). Das Kostüm des Clowns repräsentiert das weiße Hemd, die weiße Weste, die wir in der Wiege tragen und in unserem Sarg, unser Totenhemd. Der Clown verkörpert »die Traurigkeit aller Dinge und repräsentiert in der Person des tragischen, wahrhaft großen Clowns schließlich auch den Tod« (ebd., S. 211).

In dem Film *Das Leben ist schön* des italienischen Komikers Roberto Benigni (1997) versucht der Protagonist – erfolgreich –, seinem Sohn das Durchhalten zu ermöglichen und die Hoffnung lebendig zu erhalten, indem er ihm den Aufenthalt im Konzentrationslager als ein großes »Spiel« darstellt. Dieses Spiel, diese Illusion hat hier eine bedeutsame Überlebensfunktion. Ähnlich auch in dem Film *Jakob der Lügner* (Frank Beyer, 1974) nach dem Buch von Jurek Becker (1969). Jakob Heyms Not-Lügen dienen der Bewältigung (Verzweiflungsabwehr und Hoffnungsvermittlung) einer unerträglich hoffnungslosen Notsituation im jüdischen Ghetto. Und der Freund des Protagonisten Kowalski bringt sich in dem Moment um, in welchem diese Illusion zerbrochen, die »Lüge« Jakobs aufgeflogen, alle Hoffnung erloschen ist (vgl. Auchter, 2010).

Wohl nicht ohne tieferen Grund hat ein unbekannter Steinmetz in der Pfarrkirche Heilig Kreuz in Rottweil an einer Gewölbekonsole einen Narren dargestellt. Und in der nächsten Kapelle an genau derselben Stelle den Totenkopf mit dem »Memento mori« (Mezger, 1999, S. 15) darauf.

Seit Jahren wird vor allem in Kinderkliniken versucht, die Heilungsprozesse durch professionelle Spaßmacher zu fördern. Auch in der Psychotherapie wird die »Heilkraft des Humors« zunehmend genutzt (Titze & Eschenröder, 1998; Frings, 1996; Frings, 2000; Lemma, 2000).

Trauer und Erinnerung

> »Das Exil wird länger des Vergessens wegen, aber vom Erinnern kommt die Erlösung.«
>
> *Baal Schem Tov, zit. n. Kurt Grünberg (1995, S. 100)*

Das Erinnern hat bei der Trauerarbeit eine bedeutsame Funktion: »Trauer ist ein seelischer Vorgang, bei dem der Mensch einen Verlust mit Hilfe eines wiederholten, schmerzhaften Erinnerungsprozesses langsam zu ertragen und durchzuarbeiten lernt« (M. Mitscherlich, 1987, S. 13). Beim Trauerprozess geht es unter anderem darum, die »gemeinsamen früheren Erfahrungen mit dem Verstorbenen in kleinen Schritten noch einmal« nachzuerleben und durchzuarbeiten, sie müssen »sozusagen *durchlitten* werden« (Lindemann, 1979/1985, S. 185; kursiv i. O.). Man spricht ja auch vom »Verschmerzen« einer Situation (E. Simmel, 1940, zit. n. Kütemeyer & Schultz, 1989, S. 190). »Dieser Prozess muss durchlaufen werden, wenn der Trauernde psychisch gesund bleiben soll« (Lindemann, 1979/1985, S. 186). »In diesem Sinne ist Trauer lebensnotwendig« (Schweiggl, 2005, S. 10).

»Das zurückblickende Erinnern [ist] ein Kernstück der Trauer« (Haas, 2002, S. 146). Es dient dazu – soweit möglich –, mit der Vergangenheit abzuschließen. »Was nicht erinnert wird, ist psychisch unsterblich« (Reik, 1948/1976, S. 417). Und umgekehrt: »Erinnerung ist die beste Straße zum ›Vergessen‹« (ebd.). »Endgültig abgewiesen suchen wir Trost im Vergessen, das man Erinnerung nennt«, formuliert ähnlich die Schriftstellerin Christa Wolf (1969, S. 7) in ihrem Buch *Nachdenken über Christa T.*

»Die Trauer hat eine ganz bestimmte psychische Aufgabe zu erledigen, sie soll die Erinnerungen und Erwartungen der Überlebenden von den Toten ablösen. Ist diese Arbeit geschehen, so lässt der Schmerz nach« (Freud, 1912–13a, S. 82). Denn »jede einzelne der Erinnerungen und Erwartungen, in denen die Libido an das Objekt geknüpft war, wird eingestellt, überbesetzt und an ihr die Lösung der Libido vollzogen« (Freud, 1916–17g 1915, S. 430). Schon in seinen *Studien über Hysterie* hatte Sigmund Freud diesen Vorgang am Beispiel einer Patientin dargestellt:

> »Kurze Zeit nach dem Tode des Kranken beginnt in ihr die Reproduktionsarbeit, welche ihr die Szenen der Krankheit und des Sterbens nochmals vor die Augen führt. Sie macht jeden Tag, jeden Eindruck von neuem durch, weint darüber und tröstet sich darüber« (Freud, 1895d 1893–95, S. 229).

Wenn man Erinnerung als Vergegenwärtigung von etwas Vergangenem versteht, dann ist darin implizit die Anerkennung des Verlorenen als »vergangen« enthalten.

Unseren gewöhnlichen Umgang mit belastenden und traurigen Erinnerungen fasst Christa Wolf (1977, S. 9) im Anschluss an William Faulkner (1951) in ihrem Buch *Kindheitsmuster* so: »Das Vergangene ist nicht tot; es ist nicht einmal vergangen. Wir trennen es von uns ab und stellen uns fremd.«

Das Wort »erinnern« kommt aus dem Mittelhochdeutschen und bedeutet ursprünglich: »machen, dass jemand inne wird« (Kluge, 1999, S. 230); darüber hinaus: »bekannt machen mit«, »sich etwas ins Gedächtnis zurückzurufen«, »auf etwas aufmerksam machen« und »mahnen« (vgl. Süssmuth, 1994, S. 4). Ein *Philosophisches Wörterbuch* (Schischkoff, 1991, S. 178) charakterisiert »Erinnerung« als »das unwillkürliche oder willentlich herbeigeführte Wiederauftauchen von Bewußtseinsinhalten, die dem ursprünglichen Erleben mehr oder weniger ähnlich sind oder zu sein scheinen«. Ein *Wörterbuch zur Psychologie* (Drever & Fröhlich, 1968, S. 73) bezeichnet als »Erinnerung« nur ein »bewußtes Ins-Gedächtnis-Rufen bestimmter Erfahrungen«. In dieser Definition wird allerdings die ganze komplexe *unbewusste* Psychodynamik von Erinnerungsprozessen, ihrer Störungen und Verzerrungen vernachlässigt.

Hansjörg Znoj (2012, S. 30ff.), der so vehement gegen die (psychoanalytischen) »Mythen bezüglich der Trauer« zu Felde zieht, unterliegt bei seinem Bemühen selbst Mythologien über Freud und die Psychoanalyse. So verkürzt und (miss-)versteht er beispielsweise das Freud'sche Konzept vom »Durcharbeiten« als: »sich den

Kopf zerbrechen«, »Gedanken ausbreiten« und »das sich exzessiv und zwanghaft Beschäftigen mit dem Verlust« (Znoj, 2012, S. 34). Dass die psychoanalytische Trauerarbeit weit über die kognitive und bewusste Selbstauseinandersetzung hinausgeht, gerade *Gefühle* und *unbewusste* Dimensionen mit umfasst, entgeht Znoj offenbar. »Affektloses Erinnern ist fast immer völlig wirkungslos«, schreibt Sigmund Freud schon (1895d 1893–95, S. 85)! Aus seiner polemischen Fehlinterpretation der Trauerarbeit resultieren bei Znoj (2004, S. 11; 2012, S. 29) dann Formulierungen wie: »Die exzessive Beschäftigung mit dem Verlust und zu viel ›Trauerarbeit‹ stellen einen erheblichen Risikofaktor für eine pathologische Entwicklung dar.«

Besonders belastende und traumatische Erfahrungen können aber am wenigsten, jedenfalls nicht »einfach« ins Bewusstsein zurückgeholt werden, ihre Vergegenwärtigung unterliegt in der Regel sehr starken inneren Widerständen und einer unbewussten Abwehr. Sie müssen bei der Trauerarbeit dem Vergessen in einem *Kampf um die Erinnerung* (A. Mitscherlich, 1975) immer wieder abgerungen und entrissen werden (vgl. Richter, 1992, S. 227), wobei dieses Ringen mal mehr, mal weniger erfolgreich verläuft.

Primo Levi, Überlebender von Auschwitz, schreibt in seinem Buch *Die Untergegangenen und die Geretteten*:

> »Die menschliche Erinnerung ist ein wunderbares, aber unzuverlässiges Instrument … Wer tief verletzt worden ist, neigt dazu, die Erinnerung daran zu verdrängen, um den Schmerz nicht zu erneuern; und derjenige, der diese Verletzung zugefügt hat, drängt seine Erinnerung in die Tiefe ab, um sein Schuldgefühl zu beschwichtigen« (Levi, 1986/1993, S. 19f.).

Primo Levi und Jean Améry haben als Opfer Auschwitz überlebt. Sie bemühten sich zeitlebens, ihre traumatischen Erfahrungen schreibend zu erinnern, und sind letztlich von dem Unbewältigbaren überwältigt worden. Beide haben selbst ihrem Leben ein Ende gesetzt – und sie sind nicht die Einzigen. Auch der Lyriker Paul Celan, Schöpfer der berühmten *Todesfuge*, wurde am Ende von seinen traumatischen Erinnerungen an seine Verfolgung durch die Deutschen im Nationalsozialismus bezwungen und suchte schließlich selbst den Tod (vgl. Vogt, 2000).

Das Erinnern bedarf eines haltenden Rahmens, der »containenden« Präsenz eines anderen, um die schmerzhaften, bedrohlichen und unerträglich scheinenden lebensgeschichtlichen Erfahrungen zuzulassen, die nur in der Gegenwart eines zeugenden anderen auszuhalten und zur Sprache zu bringen sind. »Die Erfahrung des Beistandes in der aktuellen Trauer in den Behandlungsstunden stärkt die Zuversicht, Trauer ertragen und bewältigen zu können« (Rehberger, 2004, S. 116).

Den Begriff »Erinnerungsarbeit« gebraucht schon Freud (1895d 1893–95, S. 229; 1950c 1895, S. 426; 1914g, S. 133) für den individuellen therapeutischen Prozess, Margarete Mitscherlich (1987) greift ihn auf und verwendet ihn für den kollektiven Trauerprozess.

»Erinnern/das ist/vielleicht/die qualvollste Art/des Vergessens/und vielleicht/die freundlichste Art/der Linderung/dieser Qual«, formuliert Erich Fried (1995, S. 94). »Erinnern, Wiederholen und Durcharbeiten«, so charakterisiert Freud (1914g) die wesentlichsten Elemente jedes psychoanalytischen Prozesses. Wiederholen (wieder – ins Gedächtnis – holen) ist gewissermaßen die archaische, körpernahe, handlungssprachliche, unbewusste Urform des Erinnerns, meint Theodor Reik (1948/1976, S. 419, 424).

Wer nicht bereit, gewillt oder fähig ist, sich bewusst einer solchen Trauerarbeit auszusetzen, gerät in die Gefahr eines unbewussten Fixiertbleibens an das zu Betrauernde, er wird dann vielleicht depressiv. Denn eine Depression ist nicht selten das Produkt eines leidvollen, leidverursachenden und leidverlängernden Vermeidens wirklicher Trauer, weil das zu sehr wehtun würde.

Bei einem Trennungs-, Verlust- oder Trauerfall verschwindet das äußere Objekt. Der ansonsten ständige psychische Abgleichungsprozess zwischen außen und innen wird gestört. Das grundlegende Bedürfnis nach Festhalten und Bewahren führt zunächst zu einer affektiven Überbetonung des inneren Objekts. Freud (1926d, S. 204f.) vergleicht diesen Vorgang überzeugend mit der Erfahrung körperlichen Schmerzes. Dabei kommt es zu einer Überbesetzung der schmerzenden Körperstelle. Die verstärkte »Sehnsuchtsbesetzung« (Freud, 1926d, S. 205) des (vermissten) verlorenen Objekts führt gleichzeitig zu einer Verminderung der Besetzung des Selbst. »Die Trauer liebt es vielmehr, sich mit dem Verstorbenen zu beschäftigen, sein Andenken auszuarbeiten und für möglichst lange Zeit zu erhalten« (Freud, 1912–13a, S. 73).

Das ist wohl im Kern der Vorgang, den Freud (1916–17g 1915, S. 435) als »Identifizierung« und Karl Abraham (1924/1969, S. 127f.) als »Introjektion« im Trauerfall bezeichnen. Da Internalisierungsprozesse wie Introjektion und Identifikation fortwährend stattfinden, kann es sich im Verlustfall nur um einen Vorgang an den (bis zu diesem Zeitpunkt) verinnerlichten Bildern des äußeren Objekts handeln. Die unbewusste tröstliche Fantasie dabei ist: Wenn ich das verlorene Objekt verinnerlicht habe, kann ich es in mir bewahren. »Das Liebesobjekt ist nicht verloren, denn nun trage ich es in mir und kann es niemals verlieren« (ebd., S. 130). Freud (1916–17g 1915, S. 249) hatte diesen Verinnerlichungsvorgang bei der Melancholie als »Identifizierung des Ichs mit dem aufgegebenen Objekt« beschrieben: »Der Schatten des Objekts fiel so auf das Ich.« Das Ziel der Trauerarbeit besteht entsprechend in der Befreiung des Ich aus seinem Schattendasein.

Nach dem Verlust des äußeren Objekts ist eine Neuabgleichung zwischen innerer und äußerer Realität vonnöten. Darin besteht die Herausforderung der Trauerarbeit. Im Verlustfall wird die bisherige affektive Bindung zwischen Selbst und Objekt weder aktuell noch zukünftig durch (äußere) Realerfahrungen bestätigt und bekräftigt und auch nicht relativiert oder modifiziert. Im Gegenteil: Die äußere Realität besteht gerade im Nichtvorhandensein des Objekts. Es muss also eine (neue) Differenzierung zwischen einer Gegenwart und Zukunft der Nicht-Existenz und einer Vergangenheit der Existenz des verlorenen Objekts vorgenommen werden. Ein lebenswertes Gleichgewicht zwischen dem lebendigen Selbst und dem toten Objekt kann dann (wieder-)hergestellt werden.

In seiner Arbeit *Verlorenes Objekt, Trennung und Anerkennung* versucht Joachim Küchenhoff (1996b) einen dritten Weg aus der (regressiven) Alternative: Festhalten *oder* Loslassen durch die Betonung der (progressiven) Kategorien »Aufbruch« und »Neuland«. Er weist dafür ausdrücklich auf hebräische Mythen und alttestamentarische Geschichten hin: »Auch in vielen von ihnen steht am Anfang die Erfahrung der Trennung. Sie führt aber zum Aufbruch, erzeugt nicht eine Sehnsucht nach dem Ursprung, sondern eine Suche nach Neuland« (Küchenhoff, 1996b, S. 80). Ich erinnere nur exemplarisch an die Vertreibung aus dem Paradies, Kains Brudermord, Abrahams Aufbruch ins gelobte Land, Moses' Auszug aus Ägypten. Dieser Gedanke leitet über zur Spannung zwischen einem resignativen »Leben als Sterben« und einem rebellischem »Leben trotz Sterben«. »Ich empöre mich, also sind wir«, formuliert Albert Camus (1951, S. 21).

Trauer, Zorn und Aggression

»Ambivalenz und Aggression sind essenzielle Faktoren im Entstehen und Bestehen pathologischen Trauerns« (Bleichmar, 2010b, S. 207). Freud (1930a, S. 471) verweist im *Unbehagen in der Kultur* darauf, dass ideale Ansprüche wie »Liebe Deinen Nächsten wie Dich selbst« darin gründen, »daß nichts anderes der ursprünglichen menschlichen Natur so sehr zuwiderläuft« als diese. Eine Kulturforderung müsse nur dann erhoben werden, wenn eine gegenteilige »Naturforderung« vorliege! »Wo ein Verbot vorliegt, muss ein Begehren dahinter sein […]. Denn was niemand zu tun begehrt, das braucht man doch nicht zu verbieten« (Freud, 1912–13a, S. 86f.). Wie steht es dann mit der Formulierung: »De mortuis nil nisi bene« (»Über Tote sollte man nichts sagen, es sei denn auf gute Weise«)?

Alle menschlichen Beziehungen sind von Beginn an unvermeidlich *ambivalent*. Die Ambivalenz ist unter anderem darin begründet, dass die Liebesobjekte infolge ihrer Unvollkommenheit grundsätzlich unvermeidlich auch Kränkungen und Enttäuschungen setzen (vgl. Freud, 1916–17g 1915, S. 435). Es geht um die Anerkenntnis, dass »Liebe und Hass normale Gefühle sind« (Simmel, 1946/1993, S. 90) und dass im Zwischenmenschlichen immer eine »Koexistenz von Liebe und Hass« (Winnicott, 1965a, S. 21) vorliegt, die ausgehalten werden muss. Seelische Gesundheit besteht in der Fähigkeit, »zu lieben und zu hassen« (Balint, 1965/1966, S. 159). Das wusste auch schon die Bibel: »Lieben hat seine Zeit und Hassen hat seine Zeit« (Pred 3,1–8).

Im Falle des Objektverlusts wird die *Ambivalenz* in besonderer Weise deutlich (vgl. Freud, 1916–17g 1915, S. 437). Ein Hinterbliebener kann zum Beispiel neben anderen Empfindungen Wut darüber entwickeln, dass der Verstorbene ihn verlassen beziehungsweise alleingelassen hat.

Eberhard Haas (1996) hat den Begriff der »armierten Trauer« geprägt. Er (ebd., S. 67) geht von der grundlegenden These aus, dass im Trauerfall »die Trauer [...] das äußerlich verstorbene Objekt innerlich nachtöte«. »Die armierte Trauer verweigert sich diesem ›gleichsamen‹ Mord am Introjekt, erschlägt es nicht in sich, weil sie die Schmerzen, die Konfusion und die psychotischen Ängste nicht ertragen kann« (ebd., S. 68). »Die armierte Trauer wendet die Gewalt nach außen. Ein anderer – der Fremde oder zum Fremden Gemachte – [...] wird nicht ›gleichsam‹ erschlagen, sondern in der Tat« (ebd., S. 70). Haas illustriert diesen Prozess an der Erzählung *Der Fremde* (1942) von Albert Camus und erwähnt in seinem Artikel auch den amerikanischen Psychoanalytiker Chaim F. Shatan (1983), der über »militarisierte Trauer« reflektiert und einen ähnlichen Grundgedanken verfolgt. Am Beispiel von Soldaten stellt Shatan (1983, S. 232) die Frage: »Vergießen unvergossene Tränen Blut?« Und er führt aus:

> »*Militarisierte Trauer externalisiert* die gewaltigen Impulse der Überlebensschuld des Hasses und der Aggression gegen Tote (welche die Überlebenden ›im Stich ließen‹) [...]. Die abgelenkten Triebe und Emotionen werden wieder fokussiert, dann verwandeln sie sich zum Rachezeremoniell, dessen Ziele *Substitute für die Toten* darstellen, Sündenböcke« (Shatan, 1983, S. 240, kursiv i.O).

Trauer und Spiritualität

Während der Begriff »Spiritualität« lange Zeit als die »mystische Innenseite der traditionellen und institutionalisierten Religion« betrachtet wurde, versteht der Theologe und Psychoanalytiker Eckehard Frick (2014, S. 19) den aktuellen »Spiritual Turn« als »Demokratisierung« und Hinwendung zum »Dialog«, einer »Suchbewegung« über »Dimensionen des Menschseins«. Und die umfassen dann auch das Ende des Lebens und andere Verlusterfahrungen.

Schon Lindemann (1979/1985, S. 55) weist darauf hin, dass Religion beziehungsweise Religionsgemeinschaften eine wichtige Funktion für trauernde Hinterbliebene und ihr Trostbedürfnis besitzen. Während in den monotheistischen Religionen die Vorstellung eines wie immer gearteten Lebens nach dem Tode verbreitet ist, ist im Buddhismus der Tod nicht das Ende, sondern sogar der Anfang des Lebens.

Dem Psychoanalytiker sei die Frage gestattet, inwiefern Dietrich Bonhoeffers Gedanke, verfasst 1944 in der Todeszelle der Nazis, von den »guten Mächten«, von denen wir »wunderbar geborgen« getrost erwarten, »was kommen mag«, darauf beruht, dass ein Mensch am Beginn seines Lebens guten Mächten in Gestalt seiner Eltern und anderer begegnet ist, die ihm verinnerlicht als »gute Objekte« dann in schwierigen oder traurigen Lebenssituationen zur Seite stehen. Donald W. Winnicott formuliert das so:

> »Für mich verschaffen eine hinreichend gute Mutter, hinreichend gute Eltern und ein hinreichend gutes Elternhaus für die meisten Neugeborenen und Kleinkinder *die Erfahrung, niemals in bedeutsamer Weise fallengelassen worden zu sein.* Auf diese Weise hatten die Kinder im Allgemeinen die Chance, eine Fähigkeit zum Glauben an sich selbst und in die Welt zu entwickeln – sie entwickelten eine Struktur über die innere Ansammlung von Zuverlässigkeit« (Winnicott, 1989, S. 196, kursiv i. O.).

Eine »gesunde« Spiritualität wird sich immer wieder um ein gutes Gleichgewicht zwischen Realitätsanerkennung, ohne zu verzweifeln, und eine hoffnungsvolle Erwartung, ohne illusionär abzudriften, eine tragfähige Balance zwischen Immanenz und Transzendenz bemühen.

Da »Trauer keine Krankheit« ist (Freud), besteht die Aufgabe der Psychoanalyse beziehungsweise Psychotherapie zum einen in der Abgrenzung der natürlichen gegenüber der pathologischen Trauer und zum anderen in der Konzeptualisierung und Differenzierung normaler und gesunder Trauerprozesse. Darüber hinaus wurden Vorstellungen über die unterschiedlichen Formen von Trauerabläufen und ihrer hilfreichen sozialen Einbettung – zum Beispiel auch in der Form eines »Alleinseins in Gegenwart eines anderen« (Winnicott, 1965a, 29f.) – entwickelt.

»Gestörte« Trauer – Trauerkrankheiten

Gestörte Trauerprozesse und gescheiterte Lösungsversuche

Wenn man Trauer als normale Reaktion auf eine Trennung oder einen Verlust betrachtet, dann entstehen die verschiedenen Trauererkrankungen durch eine Störung des natürlichen Trauerns. Trauer selbst ist keine Krankheit, aber Menschen können an unterschiedlichen Störungen des Trauerprozesses leiden. Allerdings führt nicht jede Störung der Trauer zwangsläufig zu einer Erkrankung. Pathologische Trauer resultiert aus einem Scheitern der normalen Trauerarbeit und bedeutet im Kern ein Fixiertbleiben an das Trauern beziehungsweise an das zu Betrauernde.

Sowohl das Erleben wie auch das Äußern von Traurigkeit kann »gestört« sein, genauso kann aber auch der Trauerprozess überhaupt einer Störung unterliegen. Das gestörte Trauern umfasst ein weites Spektrum von leichteren Komplikationen wie depressiven Verstimmungen bis hin zu schwereren Trauerkrankheiten wie Dysthymie, Depression oder Melancholie. Ein gewisses Problem im Verständnis der Trauerpathologien kann dadurch entstehen, dass zum Beispiel Begriffe wie »Melancholie« oder »Depression« oder auch »neurotische Depression« oder »psychotische Depression« von verschiedenen Autoren in unterschiedlicher Weise mit Inhalt gefüllt werden.

Der Begriff »Störung« wurde vor vielen Jahren in das systematische Klassifikationssystem psychischer Erkrankungen ICD-10 eingefügt, um, wie es damals hieß, den »problematischen« Begriff »Krankheit« zu ersetzen. Allerdings ist der Störungsbegriff nicht weniger diskussionswürdig (vgl. auch Küchenhoff, 2017, S. 17f.), denn die Kriterien für die Störung sind nicht weniger unscharf und belastbar als die für Krankheit. Außerdem bleibt beispielsweise die Frage offen, wer sich eigentlich »gestört« fühlt, der Betroffene selbst oder seine engere Mitwelt oder gar die Gesellschaft?

»Gestörtes« Trauern bedeutet, dass der normale und heilsame Trauervorgang beeinträchtigt ist und die »unterschiedlichen morbiden Trauerprozesse […] als Übersteigerungen und Zerrformen normaler Prozesse« erscheinen (Bowlby, 1961, S. 322). Anders formuliert: »Krankhafte Trauerreaktionen sind *Zerrbilder der normalen Trauer*« (Lindemann, 1979/1985, S. 49, kursiv i. O.). Individuelle Ressourcen und Resilienzkräfte sowie die Resonanz durch achtsame Andere helfen vielen Menschen, solche Störungen selbst zu überwinden. Wenn diese Bewältigung nicht gelingt, führen die Komplikationen der Trauer zu den diversen Trauerkrankheiten.

Der Versuch, normale Trauer durch eine *zeitliche* Eingrenzung von krankhafter Trauer abzugrenzen, kollidiert mit der Individualität jedes Trauerprozesses in jeglicher Hinsicht. So vielfältig die Erfahrungen von Trauer sind, so unterschiedlich sind auch die Fehlformen der Trauer. Es gibt nicht *die* Trauerpathologie, sondern Trauererkrankungen können in den vielgestaltigsten Formen in Erscheinung treten. »Die große Vielfalt depressiver Syndrome erfordert eine differenzierende Beschreibung unterschiedlicher, jeweils im Vordergrund stehender psychodynamischer Zusammenhänge« (Böker, 2001b, S. 25, FN). Piet Kuiper (1968, S. 239) weist darauf hin, »daß es bei diesen Syndromen allerlei Übergänge gibt und daß es jeweils eine Reihe von Faktoren sind, die die Entstehung eines bestimmten Zustandsbildes bestimmen«. Wie bei allen seelischen Erkrankungen gibt es auch bei den »Trauerkrankheiten« (Torok, 1983) immer eine Mischung aus somatischen oder genetischen Faktoren und psychischen beziehungsweise psychosozialen Verursachungen (vgl. Kuiper, 1988/91, S. 28; Küchenhoff, 2017, S. 19).

Dabei ist für den Psychoanalytiker jede seelische Erkrankung im Tiefsten ein Versuch, eine spezifische Konfliktsituation einer Lösung näherzubringen. Sigmund Freud (1914c, S. 152) spricht vom »Heilungsprozess, der uns als Krankheit imponiert«. Seelische Erkrankungen oder Symptombildungen sind angesichts von zu einem bestimmten Lebenszeitpunkt nicht zu bewältigenden Krisen und Konflikten jeweils »bestmögliche Lösungsversuche«. Sie bedürfen nicht nur in der Psychotherapie zunächst entsprechender Anerkennung und Wertschätzung! Diese vorläufigen Lösungen können jedoch in einem späteren Lebensabschnitt dysfunktional werden, Leiden verursachen oder »stören« und erfordern dann eine erneute Bearbeitung der zugrunde liegenden ungelösten lebensgeschichtlichen Konflikte.

Wenn die Bewältigung nicht allein gelingt, benötigen diese Menschen eine Hilfestellung beim Durcharbeiten der gestörten Trauer. In dem Fall, in dem das im familiären oder freundschaftlichen Umfeld nicht oder nicht hinreichend möglich ist, kann die Inanspruchnahme professioneller Helferinnen und Helfer erforderlich werden.

Ein entscheidendes Kriterium für die Behandlungsbedürftigkeit ist für den Psychoanalytiker immer der *Leidensdruck* des Patienten. Neben dem Leiden, das der Betroffene selbst erlebt, spielt aber auch der Leidensdruck seiner Mitwelt bei der Beurteilung des Krankhaften eine bedeutsame Rolle. Gerade bei den depressiven Erkrankungen ist es nicht selten so, dass die Mitwelt genauso oder sogar stärker leidet als der Kranke selbst. Das lässt sich unter anderem psychodynamisch als ein unbewusster Ausdruck der Aggressionen verstehen, die bei den Trauererkrankungen eine nicht unwesentliche Rolle spielen. »Durch seine schwermütige Haltung sagt der Patient gegenüber seinen Mitmenschen: ›Sieh nur, was Du mir antust‹« (Kuiper, 1968, S. 231).

Historische Entwicklung der psychoanalytischen Trauerpathologie

Im Vordergrund der psychoanalytischen Untersuchung der Trauerkrankheiten standen Melancholie beziehungsweise Depression. Karl Abraham (1912/1971, S. 146) grenzt zunächst den Affekt der Trauer von der »unbewußt motivierten, d.h. auf Verdrängung beruhenden neurotischen Depression« ab. Er führt die Depressionen der von ihm behandelten Patientinnen und Patienten auf eine »das Liebesvermögen paralysierende Haßeinstellung« gegenüber dem Objekt zurück (Abraham, 1912/1971, S. 151). Dieser Hass stehe im Zusammenhang mit der »primären Enttäuschung«

durch die frühen Objekte (Abraham, 1924/1969, S. 148), die nicht alle (Trieb-)Bedürfnisse des Kindes immer, sofort und vollständig erfüllen (können). Abraham (1924/1969, S. 155) bezeichnet das als »Urverstimmung«. Der Depressive fühle sich »liebesunfähig und ungeliebt, darum verzweifelt er am Leben«, woraus sich eine »Tendenz zur Lebensverneinung« entwickele (Abraham, 1912/1971, S. 146). Er beschreibt dafür folgende Formel: »1. Ich kann die Menschen nicht lieben; ich muss sie hassen. [...] 2. Die Menschen lieben mich nicht; sie hassen mich ... weil ich mit angeborenen Mängeln behaftet bin. Darum bin ich unglücklich, deprimiert« (ebd., S. 152). Aus den verdrängten unbewussten eigenen aggressiven (sadistischen) Impulsen erwüchsen unbewusste *»Ideen der Verschuldung«* (ebd., S. 153; kursiv i. O.), die zu Selbstvorwürfen, Angst und Depression führten (ebd., S. 154). Abraham (1916/1969, S. 108) ergänzt seine Überlegungen mit der Betonung der »Regression« der an Depression Erkrankten auf das frühe orale Stadium der Entwicklung mit entsprechenden Einverleibungstendenzen. Die unbewusste Vorstellung vom »Verschlingen« des Objekts, mit anderen Worten: seiner Vernichtung, trüge dann zu den deprimierenden Schuldgefühlen bei.

Dieselben seelischen Mechanismen liegen auch nach Freud (1916–17g 1915) bei seiner Beschreibung der Melancholie in Abgrenzung von der Trauer vor: Ambivalenz (Liebe und Hass) gegenüber dem Objekt, Regression auf die Oralität sowie Schuldgefühle ausgelöst von der durch unbewusste Identifikation mit dem Objekt entstandenem inneren Instanz des Über-Ich. Freud (ebd., S. 431) spricht vom »moralischen Kleinheitswahn« des Melancholikers. Die Selbstvorwürfe des Melancholikers seien aber eigentlich Vorwürfe gegen das (verinnerlichte) enttäuschende Liebesobjekt: »Klagen sind Anklagen« (ebd., S. 434). Das sei eine Folge der unbewussten »Identifizierung« des Ichs mit dem verlorenen Objekt (ebd., S. 435).

Sándor Radó betont im Gegensatz zu den vorigen Ansätzen, die vor allem auf der *Triebpsychologie* basieren, die Begründung der Melancholie in Zuständen des Ichs (Selbst) und des Narzissmus, verfolgt also eher einen *strukturellen* oder tendenziell ichpsychologischen Ansatz. Aus den unbefriedigten Hungersituationen des Säuglings erwachse ein »großer Verzweiflungsschrei nach Liebe« (Radó, 1927, S. 442). Radó betont den unbewussten Sinn der

Erkrankung: Die Selbstvorwürfe des Melancholikers stellen für ihn einen »unbewußten Reparationsversuch«, einen »Heilungsversuch« dar (ebd., S. 443). Die Selbstbeschuldigungen sollen unbewusst dazu dienen, das Objekt gnädig zu stimmen und so die »zerstörte Liebesbeziehung wiederherzustellen« (ebd., S. 453).

Auch Otto Fenichel betrachtet die Depression als »Reparationsversuch«. Er (Fenichel, 1945, S. 589) stellt die gestörte Regulation der Selbstachtung bei der Depression in den Vordergrund. Er versucht, die neurotische von der psychotischen Depression dadurch abzugrenzen, dass der Neurotiker nach der Liebe eines äußeren Objekts sucht, während der Psychotiker die äußeren Objekte aufgegeben hat und die Liebe von der inneren Instanz (Über-Ich) erwarte (vgl. Böker, 2001b, S. 27). Eine scharfe Trennung zwischen beiden sei aber nicht möglich.

Durch Otto Fenichel (1945) und Edward Bibring (1952) kommt mit der Weiterentwicklung der psychoanalytischen *Ich-Psychologie* ein neuer Aspekt in die Betrachtung der Depression (vgl. hierzu Böker, 2001b). Bibring vertritt – entsprechend dem damaligen psychoanalytischen Zeitgeist – eine eindeutig ichpsychologische Sichtweise. Im Anschluss an Fenichel unterscheidet er »einfache und komplizierte Formen der Depression« (1952, S. 83, 86). Sein grundlegender Gedanke ist, dass die Prädisposition zu einer Depression aus einer frühen, infantilen schockartigen Erfahrung der Hilflosigkeit und Ohnmacht erwachse, die zu einem »zusammengebrochenen, gehemmten oder gelähmten Narzißmus« führe (ebd., S. 94ff.).

Donald W. Winnicott (1965b, S. 51) differenziert 1958 zwischen Melancholie als Krankheit und – im Anschluss an Melanie Kleins »depressive Position« – Depression als Zustand des normalen, integrierten Menschen. Da er jedoch grundsätzlich nicht viel Wert auf Systematik legt, gebraucht er das Wort »Depression« in unterschiedlichen Kontexten und Bedeutungen (vgl. Abram, 1996, S. 138f.). Depression erstreckt sich für ihn auf einem Kontinuum von schwer und lang anhaltend bis vorübergehend und relativ gesund. Winnicott (1963/1986, S. 79) geht grundlegend von einem »Wert der Depression« (ebd., S. 71) aus. Für ihn als markanten Vertreter der *Objektbeziehungspsychologie* ist Trauer grundsätzlich ein »Indikator von Reife« (Winnicott, 1990, S. 132) und Depression ein »Beweis für Wachstum und Gesundheit«, sie zeige an, »daß das Individuum die Verantwortung für die aggressiven und destruktiven Komponenten der menschlichen Natur übernimmt« (Winnicott, 1965b, S. 59).

Elisabeth Zetzel (1970/1974, S. 57) grenzt »Depression, Niedergeschlagenheit« als universelles subjektives Erlebnis, als »unerläßlicher Bestandteil menschlicher Entwicklung« gegenüber »Depression« als »Hauptsymptom eines regressiven klinischen Syndroms«, und damit als »Krankheit« ab.

Hugo S. Bleichmar (1996, 2010a, 2010b) plädiert für eine sorgfältige Differenzierung zwischen den verschiedenen »Subtypen der Depression«. Bleichmar unterscheidet zwei große Gruppen von Depression: Neben die Depression, bei der Aggressionen und Schuldgefühle die zentrale Rolle spielen – die also beziehungsgerichtet auf andere ist –, stellt Bleichmar den Typus der »narzisstischen Depression«. Bei ihr steht die Beziehung zu sich selbst im Vordergrund. Ähnlich differenzieren Sidney Blatt und Kollegen (2005, S. 868) zwei »zentrale Kerne der Depression«: (1) schwere Behinderungen in den interpersonalen Beziehungen (»anaklitische Depression«) und (2) schwere Beeinträchtigungen eines stabilen und positiven Selbstgefühls (»introjektive Depression«) (vgl. Leuzinger-Bohleber, 2005a, S. 30).

Je nachdem, welche Psychodynamik der jeweiligen Form der Depression, die von den Psychoanalytikern im Laufe der Wissenschaftsgeschichte in den Vordergrund gerückt wurden (zum Beispiel: Hass und Aggression, Schuldgefühle, narzisstisches Ungleichgewicht, Ängste), im individuellen Fall vorliegt, sind auch entsprechende spezifische psychotherapeutische Interventionen angebracht. Und was sich in einem Fall als sinnvoll und hilfreich erweist, kann bei anderen depressiven Persönlichkeiten völlig kontraindiziert und kontraproduktiv sein (Bleichmar, 2010b). Bleichmar (2010a, S. 79; 2010b, S. 206) schlägt eine »Doppeldiagnostik« bei depressiven Erkrankungen vor. Sie bezieht sich einerseits auf die »Inhalte« der Depression wie Selbstentwertung, Selbstbeschuldigung oder (Verfolgungs-)Ängste und andererseits auf die »strukturelle Ebene«, also das Niveau der Ich-Organisation, die Fähigkeit zur Unterscheidung zwischen Primärprozess und Sekundärprozess, die Über-Ich-Struktur, die Impulskontrolle und schließlich auf Tendenzen in Richtung Borderline-Erkrankung oder Psychose.

Stavros Mentzos (2006, S. 153) unterscheidet drei psychodynamische Konstellationen, die bedeutsame Dimensionen der psychoanalytischen Depressionsbetrachtung darstellen. Eine erste, die den Objektverlust und die kompensatorische Introjektion des Objekts umfasst, eine zweite, die den Umgang mit der Aggression (Aggressionshemmung, Schuldgefühle) in den Mittelpunkt stellt, sowie eine dritte, die die Selbstwertregulationsstörung, also die Erschütterung des narzisstischen Gleichgewichts, betont.

Herbert Will (2002, S. 284ff.) unterscheidet fünf Formen von Depression: (1) »Über-Ich-oder Schuld-Depression«, (2) »oral-abhängige Depression«, (3) »Ich-Depression«, (4) zwei Varianten »narzisstischer Depression«, mit »Scham und Selbsterniedrigung« einerseits und »Leere und Orientierungslosigkeit« andererseits, und (5) »realistische oder schöpferische Depression (depressive Position)«.

Einen bedeutsamen Beitrag zur Psychoanalyse der »Trauerkrankheiten« leisten Maria Torok (1983) und Nicolas Abraham (Abraham & Torok, 2001). Sie differenzieren bei der Trauer die Begriffe »Introjektion« einerseits und »Inkorporation« andererseits. Im Anschluss an Sándor Ferenczi (1912/1964) definieren sie Introjektion als eine »Ausweitung des Ichs« (Torok, 1983, S. 503) durch Verinnerlichung und »Einbeziehen« des (verlorenen) Objekts ins Ich. Die Inkorporation dagegen verleibt sich das Objekt in einer magischen, fantastischen Weise ein, um es als etwas Ganzes zu erhalten. Das Objekt wird »verschluckt und als innerer Fremdkörper konserviert. Die unsagbare Trauer errichtet im Innern des Subjekts eine *geheime Gruft*« (Abraham & Torok, 2001, S. 551, kursiv i. O.). »Die Krypta verewigt diese Abkapselung allein durch ihre Struktur« (ebd. S. 552; vgl. Küchenhoff, 1991). Die in der Trauer zeitweilige Internalisierung (Introjektion) des verlorenen Objekts wird in der Depression durch totale Inkorporation zu einem Dauerzustand, was zu einem »frozen introject« (Giovacchini, 1967), einem »eingefrorenen« oder eingekapselten Objekt, führt.

Auf diese Weise wird die Trauerkrankheit fixiert und das Trauern unablässig fortgesetzt. Die aufgeführten vielfältigen psychoanalytischen Betrachtungsweisen machen verständlich, warum eine präzise und eindeutige »Definition von *›pathologischer Trauer‹*« (Beutel & Weiner, 1993, S. 226, kursiv i. O.) so schwierig ist.

Entwicklungspsychologische Aspekte der Trauerpathologie

Die Psychoanalyse betrachtet seelische Erkrankungen immer unter dem Aspekt der individuellen Lebensgeschichte und deren Folgen für die pathologische Symptomatologie. Auch bei den Trauerkrankheiten wird die psychosoziale Disposition dafür zumeist schon in frühester Kindheit gelegt. Darin sind sich die psychoanalytischen Autorinnen und Autoren weitgehend einig, auch wenn sie unterschiedliche Konzeptualisierungen je nach vorherrschender Ausrichtung an der Triebpsychologie, Ich-Psychologie, Selbstpsychologie oder Objektbeziehungspsychologie vorlegen. Entsprechend betrachtet David Taylor (2005, S. 849) die Depression mit ihrem Trauerpotenzial als »Entwicklungsstörung«.

Wenn Lebendigsein in ständiger (Weiter-)Entwicklung besteht, dann lässt sich die Trauerkrankheit als »Fixierung« an einen bestimmten Lebenszeitpunkt und als Hemmung der Weiterentwicklung verstehen (vgl. Bowlby, 1961, S. 322). »Melancholie ist Stillstand«, bringt es der französische Psychiater und Psychoanalytiker Daniel Widlöcher (1986, S. 62) auf eine Kurzformel. In ihrem Gedicht *Herbstfeuer* formuliert die Dichterin Ricarda Huch (1937) den Vorgang poetisch so: »Nicht alle Schmerzen sind heilbar, denn manche schleichen/sich tiefer und tiefer ins Herz hinein,/und während Tage und Jahre verstreichen,/werden sie Stein.« Die wissenschaftlich erwiesene Tatsache, dass Kinder depressiver Mütter beziehungsweise depressiver Eltern ein erhöhtes Risiko besitzen, später selbst depressiv zu werden (etwa Leuzinger-Bohleber, 2005a, S. 15; 2005b, S. 793; Taylor, 2005, S. 850; Dornes, 2006), wird von Vertretern einer biologischen Verursachung der Depression gerne als Beweis für eine genetische Vererbung aufgegriffen. In der Psychoanalyse kennen wir aber auch die »seelische Vererbung«. Mit anderen Worten: Das Miterleben einer Depression von Mutter und/oder Vater beeinflusst seelisch die Entwicklung des Selbsterlebens des Kindes. Nahezu die Hälfte der Kinder depressiver Eltern wird psychisch auffällig, ein Teil davon wird ebenfalls depressiv (Haubl, 2005, S. 296). Dazu kommt es einerseits schlicht durch eine Verinnerlichung des depressiven

Musters der Mutter (oder Vaters) durch identifikatorische Prozesse (Taylor, 2005, S. 850). Die Säuglingsforscher konnten solche unbewussten Identifizierungen schon bei Säuglingen ab dem sechsten Lebensmonat beobachten (Dornes, 2006). Andererseits erwachsen die Schuldgefühle solcher Kinder oft daraus, dass sie die traurigen und niedergedrückten Gefühle ihrer Mutter oder ihres Vaters – so sehr die sich auch bemühen mögen, das vor den Kindern zu verheimlichen – sehr sensibel wahrnehmen (vor Kindern kann man ja nichts verbergen!). Sie glauben dann, dass sie selbst nicht fröhlich oder ausgelassen sein dürfen, wenn es der Mutter oder dem Vater doch so schlecht geht. Sie fürchten, ihr eigenes Lebendigsein würde die unlebendige Mutter oder unlebendigen Vater kränken und verletzen (vgl. Winnicott, 1963/1986, S. 75). Der französische Psychoanalytiker André Green (1993) gibt seiner bekannten Arbeit über die Depression entsprechend den Titel: *Die tote Mutter*. Gemeint ist damit nicht die real tote, sondern die seelisch nicht lebendige Mutter. Um nicht in derartige Schuldgefühle gegenüber ihren depressiven Eltern zu geraten, glauben diese Kinder deshalb, selbst unlebendig und depressiv werden zu müssen. Darüber hinaus sind sie auf diese Weise unbewusst im Leiden mit den Eltern verbunden.

Missglücktes Trauern

Bei einem pathologischen Trauern kommt der Trauerprozess oder die Trauerarbeit gar nicht zustande oder sie bleibt an einem bestimmten Punkt stecken (vgl. Kapfhammer, 2006, S. 29). Es entsteht eine Fixierung an die Trauer, eine Chronifizierung des Trauerns. Freud hatte schon in seinem »Manuskript G« (vermutlich 1895) vermerkt: »Der der Melancholie entsprechende Affekt ist der der Trauer, d.i. Sehnsucht nach etwas Verlorenem« (Freud, 1985/1986, S. 97).

Der Bereich krankhaften Trauerns umfasst verschiedene Ausdrucksformen wie Sehnsucht, die von Verzweiflung begleitet ist (Freud, 1926d, S. 203), Gefühlstaubheit (engl.: »absence of grief«, vgl. Deutsch, 1937), chronische (Bowlby, 1980/1983, S. 185ff.), »erstarrte« oder »eingefrorene« Trauer (vgl. Charlier,

1987, S. 868) oder aber umgekehrt ins Gegenteil: »Euphorie« (Bowlby, 1980/1983, S. 220ff.) und Manie (vgl. Torok, 1983, S. 499f.).

Thomas Charlier (1987) will unter »pathologischer Trauer« nur einen spezifischen komplexen »Abwehrmechanismus« verstanden wissen, den er gegen normale Trauer, Melancholie und Depression abzugrenzen versucht. Aber die Definition von »pathologischer Trauer« in der Fachliteratur ist sehr uneinheitlich (Beutel & Weiner, 1993, S. 226; Beutel, 2000, S. 717).

Eine erste nur grobe Sortierung der Trauerkrankheiten als einem Versagen der normalen Trauerarbeit wäre die zwischen »zu wenig Trauer« einerseits und »zu viel Trauer« andererseits.

Das (scheinbare) Fehlen von Trauer – »Die Unfähigkeit zu trauern«

»Am 29. Januar erwachte ich im Morgengrauen. An der Stelle meines Vaters lag ein anderer Kranker auf der Pritsche unter mir. Vermutlich hatte man ihn vor Tagesanbruch in die Gaskammer gebracht [...]. Ich weinte nicht, und es tat mir weh, nicht weinen zu können. Aber ich hatte keine Tränen mehr«, schreibt der Holocaust-Überlebende Elie Wiesel (1980, S. 144).

Es kommt vor, dass ein Mensch angesichts eines gravierenden Verlusts weder selbst Traurigkeit empfinden noch Trauer nach außen zeigen kann. Es wäre eine völlige Fehleinschätzung, aus diesem Nichttraurigseinkönnen schlicht zu folgern, dass dieser Mensch nicht trauere. Vielmehr ist es vermutlich so, dass das Leid in ihm so viel Ohnmacht auslöst und ihm so viel Angst macht, dass die Trauer verleugnet oder verdrängt werden muss. »Ich weine nach innen«, formulierte einmal eine meiner traumatisierten Patientinnen.

Der Psychoanalytiker Rainer Rehberger hat sich intensiv mit der *Angst zu trauern* (2004) auseinandergesetzt. Die Angst vor der Überwältigung durch die Trauer führt zu ihrer unbewussten Abwehr. Die Trauer wird gewissermaßen in einem inneren Tresor eingesperrt, sodass sie weder im Erleben noch im Verhalten spürbar und sichtbar wird. Die Trauer *scheint* so zu fehlen (vgl. Deutsch, 1937). Ilany Kogan (2011, S. 34) zählt die »Verleugnung«

und ihre Synonyme Verneinung und Selbsttäuschung zu den wichtigsten unbewussten Abwehrmechanismen gegen Schmerz und Trauer. Man könnte unter Verwendung eines Gedankens von Winnicott auch von »eingefrorener« Trauer sprechen, die zu einer allgemeinen Erstarrung und einem Entwicklungsstillstand beim Betroffenen führt. Sie kann dann irgendwann, bisweilen Jahrzehnte später, unter besseren Bedingungen – wie im Möglichkeitsraum einer Psychotherapie – wieder »aufgetaut« und bearbeitet werden (vgl. Auchter, 1995).

Bei der »Unfähigkeit zu trauern« besteht, wie schon Alexander und Margarete Mitscherlich (1967/1977) herausgearbeitet haben, die Gefahr, dass sich die emotionale Unfähigkeit zu einer umfassenden Gefühlsabstumpfung (Lifton, 1986) oder Gefühlstaubheit ausweitet.

> Diana Pflichthofer beschreibt in ihrem Buch *Trennungen* (2017, S. 27ff.) sehr eindrücklich die Geschichte von Sigmund Freuds Enkel Ernst W. Freud, geboren 1915, mit dessen gehäuften kindlichen schmerzhaften Trennungserfahrungen.
>
> Als sein Vater im Ersten Weltkrieg eingezogen wird, wirft Ernst sein Spielzeug auf den Boden und schreit: »Geh K(r)ieg!« (Freud, 1920g, S. 14). Als er fünfdreiviertel Jahre alt ist, stirbt seine Mutter Sophie an einer Lungentuberkulose. Und Freud vermerkt: »Jetzt […] zeigte der Knabe keine Trauer« (ebd.). Drei Jahre später stirbt sein jüngerer Bruder Heinele. Sigmund Freuds Tochter Anna übernimmt zeitweise die Sorge für Ernst und seine Familie.
>
> Diana Pflichthofer (2017, S. 28) versteht die ausfallenden Trauerreaktionen von Ernst als unbewusste Anpassungsleistung an die Erwartungen seiner Mitwelt, dass er seinen Schmerz bei sich behält. Winnicott (1965a, S. 140ff.) hat eine derartige Gefügigkeit gegenüber anderen als Entwicklung eines »falschen Selbst« bezeichnet.

Mit ihrem Buch *Die Unfähigkeit zu trauern* (1967/1977) haben Alexander und Margarete Mitschlich die Trauerverleugnung darüber hinaus um die *gesellschaftlichen* Aspekte, die kollektive Dimension der Trauervermeidung erweitert, worauf ich hier aber nicht weiter eingehen kann.

Endlose Trauer – Melancholie und Depression

Zur Phänomenologie der Depression

Das Gegenteil von (scheinbar) fehlender Trauer ist eine Trauer, die kein Ende finden kann. Sie kann sich äußern als andauernde Schwermut, als unausgesetzte Gram oder Verbitterung.

> (1) Eine Mutter aus dem weiteren Familienkreis hatte im Zweiten Weltkrieg ihren 19-jährigen Sohn verloren. Seitdem sie diese Mitteilung erhalten hatte, trug sie über Jahrzehnte bis zu ihrem Tode nur noch schwarze Kleidung und wurde nie mehr als fröhlich wahrgenommen.

> (2) Bei Herrn N. hatte seine Mutter zu Hause ein Bild seines im Krieg gefallenen Vaters auf dem Kamin aufgestellt. »Das war wie so ein kleiner Altar, an dem ohne Aufhören ritualisiert an allen Feiertagen seiner gedacht wurde.«

Die am häufigsten benannte und am besten untersuchte Form gestörter Trauer ist die *Depression.* »Depression« ist heute zu einem Sammelbegriff für eine Fülle von Erkrankungen (vgl. Ehrenberg, 2004, S. 3; Will, 2014, S. 162) geworden. Die fast inflationäre Verwendung der Diagnose führt allerdings zu diagnostischer Verwässerung und zur Unschärfe.

Auch wenn im Laufe der Zeit unzählige Versuche unternommen wurden, die »Depression« zu definieren und zu kartografieren (vgl. Ehrenberg, 2004), muss man nach Durchsicht der einschlägigen Literatur feststellen, dass es *die* Depression nicht gibt. »Die große Vielfalt depressiver Syndrome erfordert eine differenzierte Beschreibung unterschiedlicher, jeweils im Vordergrund stehender psychodynamischer Zusammenhänge« (Böker, 2001b, S. 25, FN).

Der Begriff »Depression« hat heute fast vollständig den Begriff der »Melancholie« ersetzt. »Melancholie« bezeichnet eine trübselige oder schwermütige Grundstimmung beziehungsweise Erkrankung. Schon in der Antike bei Hippokrates wurde diese Krankheit auf ein Übermaß an »schwarzer Galle« zurückgeführt, die sich in das Blut ergieße. Sowohl Karl Abraham als auch Sigmund Freud verwenden noch den Begriff des Melancholischen zum Teil gleichsinnig mit »depressiv«.

Die früher in der Psychiatrie vorherrschende Einteilung der Depressionen in »endogene« Depressionen (mit einer vermeintlich biologischen/somatischen Grundlage) und »reaktive« Depressionen (mit einer erlebnisbestimmten, konflikthaften Grundlage) ist mittlerweile nicht mehr geläufig und wissenschaftlich auch nicht haltbar (vgl. Hell, 1994, S. 141ff.; Leuzinger-Bohleber, 2005a, S. 46; Berger, 2006; schon Widlöcher, 1986). Heute wird im klinischen Bereich vor allem nach dem *Schweregrad* der Depression differenziert. Die Autoren eines aktuellen psychoanalytischen Sammelwerkes zur Depression wählen deshalb den Titel: *Depression zwischen Lebensgefühl und Krankheit* (Hau et al., 2005; vgl. Quindeau, 2005, S. 125).

Entsprechend ihrer Schwere und ihrer lebensgeschichtlichen Entstehungszeit (grundsätzlich gilt hier zumeist: je früher, desto schwerer) lassen sich grob folgende Formen der Depression (vgl. Will, 2000) unterscheiden (auf einer Skala von leicht bis schwerst):

1. dysphorische Stimmung, kurzzeitige, kurzfristige Verstimmungen
2. Mikrodepression, geringfügige, kurzzeitige depressive Verstimmung
3. depressive Reaktion auf akute belastende und überfordernde Lebensumstände (Tod eines nahen Angehörigen, Verlust des Arbeitsplatzes u. a. m.), nicht länger anhaltend
4. depressive Neurose/depressive Charakterstörung, verfestigte seelische Erkrankung auf »ödipalem Niveau« (3.–6. Lebensjahr) bei ansonsten gut integrierter Persönlichkeit
5. depressive Neurose/depressive Charakterstörung, schwerere, verfestigte seelische Erkrankung auf »präödipalem Niveau« (1.–3. Lebensjahr) bei geringer strukturierter Persönlichkeit, zum Beispiel in Verbindung mit einer »narzisstischen Störung« oder einer psychosomatischen Erkrankung
6. Depression im Rahmen einer »Borderline-Störung«, einer schweren seelischen Erkrankung mit geringer innerer Struktur und einer starken Beeinträchtigung der Fähigkeit, die eigenen »Grenzen« zu schützen und zu bewahren (passive

Grenzüberschreitungen), und einer mangelnden Fähigkeit, zwischen sich und anderen zu unterscheiden (aktive Grenzüberschreitungen)

7. Depression im Rahmen einer Psychose (Melancholie), schwerste seelische Erkrankung verbunden mit einer Desintegration der Persönlichkeit

Die Gruppe der Depressionen gehört zu den auch psychoanalytisch am besten untersuchten Krankheitsbildern. Patienten mit depressiven Symptomen und depressiven Erkrankungen stellen die größte Gruppe, fast ein Drittel, der von Psychoanalytikern behandelten Patienten dar (Will, 2000; Bohleber, 2005). In eher selteneren Fällen finden wir in unserer psychoanalytischen Praxis Depressionen in »reiner« Form vor. Viel häufiger begegnen wir depressiven Zuständen in Verbindung mit anderen seelischen oder psychosomatischen Erkrankungen oder Persönlichkeitsstörungen (»Komorbidität«) (vgl. Leuzinger-Bohleber, 2006, S. 19; Matakas & Rohrbach, 2005, S. 903).

Die Psychoanalytiker verstehen die Depression als ein höchst komplexes (Leuzinger-Bohleber, 2005a, S. 22; 2005c, S. 35), multifaktorielles Geschehen. An diesem sind genetische Faktoren (also Vererbung), eine biologische, konstitutionelle Vulnerabilität (also eine angeborene erhöhte Empfindlichkeit und Verletzlichkeit), ungünstige lebensgeschichtliche Früherfahrungen und Objektbeziehungsstrukturen (psychische und soziale Faktoren, also die Sozialisationsbedingungen) beteiligt (vgl. Kuiper, 1988/1991, S. 28; Bohleber, 2005, S. 787; Haubl, 2005, S. 293). Für die Auslösung einer depressiven Erkrankung ist ein komplexes Zusammenspiel unterschiedlicher (innerer und äußerer) Wirkfaktoren verantwortlich (Hell, 2006, S. 139ff.; Leuzinger-Bohleber, 2005c, S. 30; Küchenhoff, 2017, S. 19).

Nach psychoanalytischer Auffassung haben alle Formen der Depression in ihrem Ursprung etwas mit einer Verlusterfahrung, einer Mangelerfahrung oder einer schweren seelischen Verletzung (Traumatisierung) zu tun. Diese kann *real* sein (also schon eingetreten) oder *befürchtet* (also in der Zukunft erwartet werden); sie kann *tatsächlich* (etwa Tod eines wichtigen Menschen) sein oder *symbolisch* wie Liebesentzug oder eine andere schwere »seelische Kränkung oder Enttäuschung von Seiten der geliebten

Person«, die zu einer »Erschütterung dieser Objektbeziehung« geführt hat (Freud, 1916–17g 1915, S. 435). Je nach Art und Schwere dieses Verlusts, in welchem Lebensalter er stattfand und welche Möglichkeiten oder Unmöglichkeiten zur seelischen Bearbeitung der Verlusterfahrung bestanden, resultieren daraus die unterschiedlichen depressiven Störungsbilder.

Wie für viele andere seelische Erkrankungen nehmen Psychoanalytiker auch für die schweren Depressionen eine zweistufige Entwicklung (vgl. Hau, 2005, S. 50) an: Der schwer depressiv Erkrankte hat zunächst eine lebensgeschichtlich frühe Störung oder Traumatisierung der Entwicklung seines Ich-Selbst erfahren durch schlechte, unzureichende oder schädigende Erfahrungen in seinen primären Beziehungen zu Mutter, Vater und anderen. Das können zum Beispiel mangelnde gute Bindungserfahrungen – etwa ein ungenügendes Gehaltenwerden oder unzureichende Containment-Erfahrungen (Schoenhals, 2004, S. 77) – oder traumatische Gewalterfahrungen sein. Sie haben zu einer krankhaften »Grundstörung« (Balint, 1968/1970; Auchter, 2000b), einer grundlegenden Ich-Schwäche, einer fundamentalen Ich-Störung geführt. Die unzulänglichen oder beschädigenden frühen Entwicklungsbedingungen erlaubten nicht, dass dieser Mensch im Laufe seiner weiteren Entwicklung eine hinreichend starke Persönlichkeit mit stabilen Angst- und Trauerbewältigungsmechanismen aufbauen konnte.

Nicht selten kommt es bei solchen »frühgeschädigten« oder »frühgestörten« Patienten zu einer sogenannten »kumulativen Traumatisierung« (Khan, 1963/1977), das heißt einer Aneinanderreihung von krank machenden Erfahrungen. Denn diese Menschen gehen ja (immer) schon seelisch versehrt oder beschädigt in die jeweils nächsten anstehenden Entwicklungsstufen mit ihren Krisen und Konflikten hinein. Und sie sind dann wegen ihrer psychischen Geschwächtheit mit deren Bewältigung überfordert.

Die Grundstörung kann über längere Zeit latent, also verborgen bleiben. Wenn das Maß der Traumatisierungen die Ertragensmöglichkeiten überschreitet oder wenn es zu einer schwerwiegenden aktuellen seelischen Überlastungssituation kommt, kann die zuvor nur latente Depression offen zum Ausbruch kommen.

»Zu viel Trauer« resultiert aus dem Überschwemmtwerden von Traurigkeit infolge einer Schwäche des Ichs, ausgelöst zum

Beispiel durch Traumatisierungen. Der Psychiater und Psychoanalytiker Piet Kuiper (1988/1991), selbst Betroffener, hat mit seinem Buchtitel den trefflichen Begriff der »Seelenfinsternis« geprägt. In seinem Bericht beschreibt er eindrucksvoll seine jahrelange »Höllenfahrt« durch eine psychotische Depression. Die tiefe Verzweiflung und Hoffnungslosigkeit des depressiv Erkrankten begründet seine Unfähigkeit, Ziele mit Ausdauer zu verfolgen, und ein quälendes Empfinden von Langeweile, weil nichts mehr einen zu Aktivität reizen kann, da es keine Zeitperspektive mehr gibt. Für den Depressiven verläuft die Zeit quälend langsam, für ihn dehnt sich die Zeit ins Unendliche, es kommt zum Gefühl des Zeitstillstandes.

Ein bedeutsames Motiv von Depressionen ist das Vermeiden oder die Abwehr wirklicher Trauer. »Depression ist ein Protest gegen das Erfordernis zu trauern […] und beinhaltet eine Verleugnung von Aspekten des Verlusts« (Beutel & Weiner, 1993, S. 236). Eines der größten Hindernisse normaler Trauerverarbeitung ist nach Erich Lindemann (1979/1985, S. 47) das Vermeidenwollen des heftigen Schmerzes der Verlassenheit, der untrennbar mit der Trauererfahrung verbunden ist. Das Leben eines schwerst depressiven Menschen ist vor allem geprägt durch Gefühllosigkeit, Nicht-traurig-sein-Können und den Eindruck existenzieller Leere (Hell, 1994, S. 59). »Im depressiven Modus«, schreibt Ilka Quindeau (2005, S. 128), »geht es nicht […] um ein Gefühl von Verlust, sondern um den Verlust des Gefühls.«

Entsprechend charakterisiert Daniel Hell (1994, S. 12, 196; 2006, S. 13) die Depression als eine biologisch verankerte, menschliche Reaktionsmöglichkeit, die vor einem seelischen Auseinanderfallen (Desintegration) schützen soll, wenn eine starke Verlust- oder Belastungssituation keine andere Form der Bewältigung erlaubt (vgl. Widlöcher, 1986, S. 201). Insofern stellt die Entwicklung einer Depression auch einen *Schutzmechanismus*, eine *Abwehrleistung* des Ichs gegen Schmerz und Trauer dar. Nach Auffassung des Psychoanalytikers David Taylor (2005, S. 857) »haben viele Patienten mit chronischer/refraktärer Depression ein Gleichgewicht erreicht, das es ihnen in gewissem Maße erlaubt zu funktionieren, wenn auch um den Preis einer Einschränkung ihres gesamten Potentials und beträchtlicher Invalidität«.

Eine spezifische Form stellt die »postnatale« oder »postpartale Depression« (»Wochenbettdepression«) dar, die wie andere depressive Zustände sicher multifaktoriell bedingt ist. Etwas Vergleichbares wie die »Post-partum-Depression« berichten auch Künstler, die ein Werk vollendet haben. Und auch beim Verfassen eines Buches, mit dem man längere Zeit »schwanger gegangen« ist, das man dann aus der Hand und in die Hände von Lesern, Rezensenten und Kritikern gibt, kann eine depressive Reaktion die Folge sein.

Eine manifeste *kindliche* Depression, von dem Säuglingsforscher und Psychoanalytiker René Spitz (1954/1973, S. 111ff.; 1965/1976, S. 280ff.) »anaklitische Depression« benannt, kann sich in zwei Versionen zum Ausdruck bringen: Das ist zum einen der Verlust aller Lebendigkeit, das Erstarren aus Verzweiflung, die Apathie (das sind in leichterer Ausprägung nicht selten die ruhigen, scheinbar »pflegeleichten«, unauffälligen Kinder) und zum anderen der verzweifelte Versuch, die Lebendigkeit zu bewahren, wie in den sogenannten »Hospitalismusphänomen« – bei einem emotional vernachlässigten Kleinkind beispielsweise das fortgesetzte, mechanische Anschlagen des Körpers an das Bettchen oder die Wand. Das lässt sich als ein letzter verzweifelter Versuch eines dem Ohnmachtsgefühl entgegenwirkenden »Machens« verstehen. Auch manchen Diagnosen des »Aufmerksamkeits-Defizit-Syndroms« (ADS) oder der »Aufmerksamkeits-Defizit-Hyperaktivitäts-Störung« (ADHS) dürften in der Tiefe die unbewusste Abwehr einer Depression (Hyperaktivismus statt Bewegungslosigkeit) zugrunde liegen!

Entsprechend den vielfältigen Erscheinungsformen der Depression bedarf dann auch ihre psychotherapeutische Behandlung einer »*Pluralität der Praxis* […], die sich an die Verschiedenartigkeit und Einzigartigkeit depressiver Erkrankungen bei den einzelnen Patienten anzupassen versucht, aber auch die *Pluralität psychoanalytischer Theorien depressiver Erkrankungen* in Rechnung stellt« (Leuzinger-Bohleber, 2005a, S. 28, kursiv i. O.).

Der Psychoanalytiker Otto Kernberg (1999) versucht in seinem Aufsatz »Trauer und Melancholie – 80 Jahre später« eine Brücke zwischen genetischen, biologischen, somatischen Faktoren einer »Disposition zur Depression« und psychodynamischen Faktoren in der Ätiologie der Depression zu schlagen. Als konstitutionell vorgegebene Disposition bezeichnet er das »persönliche Temperament« und darunter die »angeborene Disposition zur Aggression«. »Extrem starke angeborene Disposition zu depressivem Affekt fördert die Entwicklung pathologischer Strukturen.« Diese werden durch »frühe Trennung, Trauma und Frustration« (Kernberg, 1999, S. 309f.) ausgelöst. Eine solche »depressiv-masochistische Persönlichkeitsstruktur prädisponiert zu charakteristischen Depressionen und Selbstunwertgefühlen« (ebd., S. 310). Kernberg (ebd., S. 307) sieht die »Psychopathologie der Depression durch einen komplementären Satz von ätiologischen Faktoren determiniert. Diese beinhalten auf der biologischen Seite eine abnorme, genetisch determinierte und neurochemisch kontrollierte Aktivierung des Affekts der Depression unter Bedingungen der frühen Trennung und des Objektverlusts.«

Stavros Mentzos (2001, S. 53ff.) beschreibt, wie depressiv Erkrankte sich in verschiedenen destruktiven »Circuli vitiosi« beziehungsweise einer Abwärtsspirale befinden (vgl. Böker, 2006, S. 44). Der Depressive fühlt sich zum Beispiel aufgrund seiner Antriebslosigkeit schlecht und macht sich deswegen Vorwürfe. Infolge dieser Vorwürfe fühlt er sich wiederum schlecht und wird noch antriebsloser. Der regressive Rückzug des Depressiven aus der Realität vermindert positive narzisstische Zufuhren aus Beziehungen und erhärtet in ihm das Gefühl, schwach und unfähig zu sein (Mentzos, 2001, S. 54), was seinen Rückzug weiter verstärkt. Die aggressiven Hemmungen des Depressiven werden nach innen gewendet (Autoaggression), die blockierte Frustrationsaggression ist dann wieder Anlass zu verstärkten Selbstvorwürfen und Selbstbestrafungen (ebd., S. 56), was die Aggressionshemmung verstärkt usw.

Depression und Aggression

In das thematische Umfeld von Depressionen gehören die Begriffe »Niedergedrücktheit« und »Niedergeschlagenheit«. Das sind die wörtlichen Übersetzungen des lateinischen »deprimere«, wovon sowohl »deprimiert« als auch »Depression« abgeleitet sind. Das Wort »schlagen« darin deutet im Deutschen auf die *aggres-*

sive Komponente der Depression hin. Hierauf verweisen auch schon Karl Abraham (1912/1971, 1924/1969) und Sigmund Freud (1916–17g 1915), wenn sie von einer generellen *Ambivalenz* gegenüber dem Objekt (also grundsätzlich Liebe und Hass ihm gegenüber) ausgehen und der »Identifizierung« (Freud, 1916–17g 1915, S. 435) mit dem beziehungsweise der »*Introjektion* des Liebesobjekts« (Abraham, 1924/1969, S. 127ff.; kursiv von mir) mitsamt den gehassten Anteilen bei einem Objektverlust. Der Schlag richtet sich dann scheinbar gegen das Selbst, in Wirklichkeit unbewusst aber gegen das verinnerlichte Objekt.

Karl Abraham (1912/1971) war einer der ersten, der auf die bedeutsame Rolle der Aggression bei der Entstehung von Depressionen aufmerksam machte. Aus den unvermeidlichen und vermeidlichen Liebesenttäuschungen und Frustrationen erwachsen beim Kind oder später beim Erwachsenen reaktive unbewusste aggressiv-destruktive Impulse. Sie können bis hin zu mörderischen Fantasien gehen. Diese werden gewöhnlich durch das »Über-Ich« (die Gewissensinstanz) gehemmt. Die nicht abgeführten und aufgestauten aggressiven Impulse können anschließend *autoaggressiv* verarbeitet werden (Hau, 2005, S. 49). Mit anderen Worten: Die Aggression wird dann gegen das eigene Selbst gerichtet. Die Folge davon ist: »Die *Vorwürfe* und Aggressionen gegen das Objekt kommen als melancholische *Selbstvorwürfe* zum Vorschein« (Freud, 1921c, S. 149; kursiv von mir). Anders formuliert: »Klagen sind Anklagen« (Freud, 1916–17g 1915, S. 434).

Natürlich leiden die meisten depressiv Erkrankten unter ihrer Krankheit. Es kommt aber nicht selten vor, dass die Mitwelt der Depressiven noch mehr darunter leidet als der Erkrankte selbst. Auch hier könnte man sich fragen, ob das womöglich ein unbewusster »Sinn« der Depression sein könnte, andere damit zu quälen? Zumindest aber steht die Depression oft auch in einem funktionalen Kontext. Die Depression hat also nicht selten zusätzlich den »Vorteil« – Psychoanalytiker nennen das den »sekundären Krankheitsgewinn« –, dass sie auch noch andere leiden macht. Die Depression befriedigt so unbewusst Hass (Carlyle, 2005, S. 68) und aggressive Bedürfnisse (vgl. Will, 2000, S. 129) gegenüber anderen, die eben häufig der Depression als einer oberflächlich gegen das eigene Selbst gerichteten Aggressionskrankheit (»Niedergeschlagenheit«) in der Tiefe zugrunde liegen.

(1) Die Eltern eines 57-jährigen Handwerkers, Herr O., führten einen Gartenbaubetrieb und Blumenladen. »Der Kunde war König.« Sobald ein Käufer im Laden auftauchte, ließ die Mutter den Sohn schon als kleinstes Kind allein in der angeschlossenen Wohnung und eilte sofort ins Geschäft.

Seine Wut über dieses Verlassenwerden ist ihm heute zugänglich. Bisweilen sitzt er erregt in seinem Therapiesessel, schlägt mit den Fäusten auf die Armlehne und trampelt mit den Füßen auf den Boden. Wozu er sehr viel schwerer Zugang bekommt, ist seine Trauer und Verzweiflung. Sobald es in den Sitzungen in diese Richtung geht, wehrt sich alles in ihm dagegen. Sein Wütendwerden umfasst ja zumindest noch einen Restbestand an Wirkmächtigkeit. Die Verzweiflung würde ihn mit seiner damaligen völligen (kindlichen) Hilflosigkeit konfrontieren. Er würde von den Gefühlen seiner Ohnmacht überschwemmt und weggerissen werden. Dagegen wehrt sich alles in ihm.

(2) Ähnlich ging es der 47-jährigen Krankenschwester, Frau P., deren Eltern eine Tankstelle betrieben. Wenn ein Kunde kam, wurde Frau P. als Kleinkind in ihr Bettchen im ersten Stock verfrachtet und blieb dort häufig für längere Zeit völlig allein. Nachträglich wird die Situation von der Mutter verharmlost: »Du hast dich immer so schön mit dir selbst beschäftigt.« Frau P. sind ihre Wut und ihre aggressiven Impulse schwer zugänglich, denn ihre Mutter spielt schon immer manipulativ geradezu virtuos auf der Klaviatur ihres eigenen Leidens. Wie kann Frau P. dann dieser derart vom Leben malträtierten Mutter Vorwürfe machen oder ihre Wut an ihr auslassen? Frau P. wählt den Weg der depressiven Hemmung und bemüht sich ihrerseits, schon früh in eine »Parentifizierung« getrieben, die Mutter aufzuheitern! Ihre Berufswahl ist sicher auch von diesen lebensgeschichtlichen Erfahrungen mitbestimmt!

Als hilfreich erlebe ich immer wieder bei Patienten, die (häufig selbst) mit der Diagnose »Depression« in die Praxis kommen, danach zu fragen, *wozu* die Depression *dienen* könnte (vgl. Hell, 1994, S. 15), also danach zu fragen, welche *Vorteile* der depressive Zustand vielleicht für ihn, seine Beziehungen und sein Leben haben mag, also relativ rasch nach der Rolle der Aggression in ihrer Psycho- und Soziodynamik zu forschen. Im Sinne einer *paradoxen Intervention* nehme ich ihn durch solche Fragen in seinen (depressiven) »Lösungen« ernst und versinke nicht mit ihm zusammen in seiner Leidensfixierung. Junge Therapeutinnen und Therapeuten wundern sich oft, was bei dieser Frage – nach dem unbewussten »Sinn« oder dem »Vorteil« der Erkrankung – bisweilen alles zutage tritt. Gelegentlich ist das Leiden der anderen nicht nur sekundärer Krankheitsgewinn, sondern sogar primärer! Insofern könnte man die Depression auch als »Aggressionskrankheit« verstehen.

Depression als Krankheit des Ich oder des Selbst

Die psychoanalytische »Ich-Psychologie« (verteten etwa durch Bibring, Fenichel, Greenson, Hartmann) und die psychoanalytische »Selbstpsychologie« (Kohut, Kernberg) stellen die *narzisstische* Dimension der Trauererkrankungen ins Zentrum der Untersuchung.

Bei dem von Hugo Bleichmar (1996) differenziert beschriebenen Typus der »narzisstischen Depression« stehen das gestörte Selbstgefühl und das beeinträchtigte Selbstwertgefühl ganz im Vordergrund der Betrachtung. Der französische Sozialwissenschaftler Alain Ehrenberg (2004, S. 9, 149, 265) nennt die Depression dementsprechend eine »Krankheit der Unzulänglichkeit«.

Depressive Menschen leiden häufig unter einem stark verminderten oder mangelnden Selbstwertgefühl. Das kann unter anderem durch extrem hohe Ideale oder völlig überhöhte verinnerlichte Leistungserwartungen (vor denen das Ich nur versagen kann) bedingt sein. Dieses Versagen wird aber als extrem beschämend und niederschmetternd erlebt. Nicht selten gerät ein solch depressiver Mensch in einen Teufelskreis: Seine Minderwertigkeitsgefühle führen zu einer Aktivitätshemmung oder -lähmung und das wiederum verstärkt sein Minderwertigkeitsgefühl, worauf er noch antriebloser wird etc. (Mentzos, 1984, zit. n. Hau, 2005, S. 48f.). Meist ist dieser Zustand verbunden mit heftigsten Selbstanklagen und Selbstbeschuldigungen. Bei einem solchen

Melancholiker ist der normale und gesunde Spannungszustand zwischen Verzweiflung und Hoffnungsentwicklung zusammengebrochen.

Depression als Beziehungskrankheit

Wenn wir uns der Hypothese anschließen, dass schweren Depressionen in der Tiefe ein Beziehungsmangel zugrunde liegt, dann wird die Wichtigkeit des *Beziehungsfaktors* für die depressive Erkrankung unmittelbar deutlich. Jede Depression hat immer auch eine interpersonelle Dimension. »Die Psychodynamik von Depression und Melancholie entfaltet sich«, wie Ilka Quindeau (2005, S. 126) schreibt, »in einem Beziehungsgeschehen.« Der Beziehungsfaktor spielt sowohl in der Entstehung einer Depression eine Rolle als auch in ihrer Aufrechterhaltung (Haubl, 2005, S. 295): »Die Depression braucht Mitspieler«, formuliert der Psychiater und Psychoanalytiker Heinz Böker (2006, mündliche Mitteilung), sie benötigt »Interaktionspartner« (Matakas & Rohrbach, 2005, S. 895f.). Der Schweizer Psychotherapeut Jürg Willi (1975, S. 230) spricht vom »Symptomträger« und vom »Symptompfleger« (vgl. Matakas & Rohrbach 2005, S. 904). Depression ist eine »Beziehungspathologie«, meint Marianne Leuzinger-Bohleber (2005a, S. 46).

Zum Beispiel können Eltern oder ein Partner mit einem sogenannten »Helfersyndrom« (Schmidbauer, 1977) ein *unbewusstes* Interesse daran haben, dass ihr Kind oder ihre Frau depressiv ist (und es bleibt), da sie selbst nur unter dieser Voraussetzung ihr Helfersyndrom ausagieren können. Der »Symptomträger« wäre in diesem Fall der Depressive und der »Symptompfleger« wäre der Partner mit dem Helfersyndrom. Man kann sich vorstellen, dass für Menschen mit einer derartigen unbewussten »Delegation«, nämlich depressiv krank zu sein, das Aufgeben ihrer Symptomatik ziemlich schwierig ist. Vielleicht ist eine solche krankhafte »Kollusion« (Willi, 1975) mit ein Grund für die klinische Erfahrung, »dass die Ehen Depressiver relativ selten aufgelöst werden« (Hell, 1994, S. 97).

Umgekehrt bessert sich in anderen Fällen bisweilen die Depression erheblich, wenn man vorübergehend den Kranken von seinen pathogenen, also krank machenden und krank haltenden Angehörigen trennt (Matakas & Rohrbach, 2005, S. 895), zum Beispiel durch einen vorübergehenden stationären Aufenthalt in einer Psychosomatischen Klinik.

Depressionen im gesellschaftlich-kulturellen Kontext

»Depressionen gehören zu den häufigsten Gesundheitsstörungen in der Bevölkerung und nehmen nach den neuesten Angaben der WHO unter den Beeinträchtigungen der Gesundheit weltweit den 2. Platz ein« (Beutel, 2006, S. 26). Alain Ehrenberg hat 1998 eine interessante Studie über die Dynamik zwischen Depression und Gesellschaft unter dem Titel *Das erschöpfte Selbst* (deutsch: 2004) vorgelegt. Er (ebd., S. 9) stellt folgende Hypothese auf: »Die Depression […] ist die Krankheit einer Gesellschaft, deren Verhaltensnorm nicht mehr auf Schuld und Disziplin gründet, sondern auf Verantwortung und Initiative.« Seiner Meinung nach (ebd., S. 4, kursiv von mir) ist die Depression »eine *Krankheit der Verantwortlichkeit*, in der ein Gefühl der Minderwertigkeit vorherrscht. Der Depressive ist nicht voll auf der Höhe, er ist erschöpft von der Anstrengung, er selbst werden zu müssen.« Im Anschluss an Wolf Lepenies sieht Hans-Joachim Busch (2005, S. 198) das sozialpsychologische Bewegungsgesetz der modernen Gesellschaft als »manische Abwehr von Depression«. Es darf keinen Stillstand, keine Tatenlosigkeit und keine Handlungshemmung geben. Rastlos muss das Individuum in dieser Gesellschaft aktiv sein, was ungeheuer anstrengend und überfordernd ist. »Die Lust der Selbstverwirklichung wurde mehr und mehr zur auferlegten Last« (ebd., S. 201). Entsprechend ist die Depression dann die »Krankheit des Individuums, das sich scheinbar von den Verboten emanzipiert hat, das aber durch die Spannung zwischen dem Möglichen und dem Unmöglichen zerrissen wird« (Ehrenberg, 2004, S. 12). »Im Zeitalter der unbegrenzten Möglichkeiten symbolisiert die Depression das Unbeherrschbare« (ebd., S. 277).

Insofern muss die Frage erlaubt sein, ob Depression immer als »Krankheit« zu betrachten ist? Könnte die Entwicklung einer Depression nicht auch eine (nichtpathologische) Reaktion auf sich pathologisch verändernde gesellschaftliche, wirtschaftliche und kulturelle Bedingungen sein? Marianne Leuzinger-Bohleber und Kollegen (2005, S. 10) vermuten in dem heutigen Ausmaß depressiver Erkrankungen eine »Schattenseite von gesellschaftlichen Veränderungen, die durch eine extreme Beschleunigung in allen Lebensbereichen, ein verändertes Zeiterleben sowie ein Zusammenbrechen traditioneller Sinn- und Wertsysteme«, durch »Entwurzelung und Vereinzelung« (ebd., S. 37) charakterisiert werden kann. Die Depression ist die »unerbittliche Kehrseite des Menschen, der sein eigener Herr ist« (Ehrenberg, 2004, S. 262).

Im Übrigen gibt der Band *Depression* von Joachim Küchenhoff (2017) in der Reihe »Analyse der Psyche und Psychotherapie« umfassend und differenziert Auskunft über Konzepte der Psychogenese und der Psychotherapie der Depression.

Suizidalität

Wie Benigna Gerisch (2012) in ihrer Monografie *Suizidalität* in der Reihe »Analyse der Psyche und Psychotherapie« herausarbeitet, verläuft der psychoanalytische Diskurs über den Suizid sowohl wissenschaftshistorisch als auch inhaltlich ganz parallel zu dem über Trauer und Depression. Es gehört zu den durchaus umstrittenen Fragen, ob der Suizid, wie hier, unter »Pathologie« abgehandelt werden sollte oder aber »neutraler« (vgl. Gerisch, 2005, S. 933), denn *den* Suizid gibt es ebenso wenig wie *die* Depression. Gerisch schreibt: »Die Suizidalität erweist sich […] als komplex und vielschichtig determiniert« (Gerisch, 2012, S. 48), als »entwicklungsgeschichtlich unterschiedlich geprägtes und ausgestaltetes Symptom« (ebd., S. 45).

Die krankhafte Trauer kann im Einzelfall so unerträglich erscheinen, derart hoffnungslos, dass als einziger Ausgang übrig zu bleiben scheint, sich selbst das Leben zu nehmen. Hans-Joachim Busch (2005, S. 195) bezeichnet entsprechend die »Suizidalität […] als Spitze des Eisbergs der Depressivität«. Man kann sicher unterscheiden zwischen einem Suizid aus Verzweiflung, da man keinen anderen Ausweg mehr sehen kann, und einer bewussten, selbstbestimmten Beendigung des eigenen Lebens, wie es zum Beispiel Freud selbst praktiziert hat (vgl. Schur, 1972/1973, S. 620f.).

Der Psychoanalytiker Heinz Henseler (1974) versteht den Suizid als letzten und bei Gelingen einmaligen Versuch, selbst wirkmächtig zu sein: »Die Suizidhandlung ist eine Konfliktlösung. Der Konflikt besteht in der Gefahr, einer vernichtend phantasierten Situation passiv und hilflos ausgeliefert zu sein, und ihrer Abwehr durch Agieren von Phantasien, die dieser Gefahr aktiv zuvorkommen« (Henseler, 1974, S. 89).

Gerisch (2012, S. 86ff.) macht auf den wichtigen Umstand aufmerksam, dass der spätmoderne gesellschaftliche Druck nach Perfektion und Selbstoptimierung einen nicht unbedeutenden Beitrag zur Verstärkung der Suizidproblematik leistet (vgl. Ehrenberg, 2004). Das ist auch bedeutsam für die aktuelle psychoanalytische Konzeptualisierung der Suizidalität, die nicht (mehr) so sehr das Schwergewicht auf die *(auto-)aggressiven* und *destruktiven* Aspekte legt, wie zum Beispiel Freud es getan hat (1916–17a 1915–17, S. 443; 1916–17g 1915, S. 439), sondern mehr die *narzisstische* Komponente und *objektbeziehungstheoretischen* beziehungsweise objektsuchenden Seiten (etwa den Appell an andere) in den Vordergrund stellt (vgl. Gerisch, 2012, S. 42ff.). Aus all dem folgt, »dass ein psychotherapeutischer Zugang zur Suizidalität nur über das psychoanalytische Verstehen unbewusster Konflikte, Fantasien sowie relevanter intrapsychischer und realer Objektbeziehungen gelingt« (Gerisch, 2012, S. 49). Eine Unfähigkeit zur Trauerarbeit oder eine schwere Depression können nur einen der Beweggründe für die Suizidalität darstellen.

Tod und Trauer – Spezifische Anlässe

Der Tod des Kindes vor dem Tod der Eltern

Zum normal erscheinenden Lebensverlauf gehört, dass gewöhnlich Eltern vor ihren Kindern sterben. Umso dramatischer ist es dann, wenn diese natürliche Reihenfolge umgekehrt wird und Eltern den Tod ihres Kindes erleben und verarbeiten müssen, weil das der naturgegebenen Ordnung von Werden und Vergehen, weil es der natürlichen Generationenfolge (vgl. Znoj, 2004, S. 28; Wagner, 2013, S. 52ff.; Wellendorf, 2009, S. 29) und der Vorstellung eines Weiterlebens in den Kindern eklatant widerspricht.

> »Diese Erfahrung gehört zum Grausamsten, was ein Mensch erleben kann«, meint Frau J. Sie hat mehrere Fehlgeburten erlitten und ist darüber hinaus schon dadurch geprägt, dass der vor ihr geborene Bruder ein Jahr vor ihrer Geburt am plötzlichen Kindstod verstorben ist. Sie konnte nie der von der Mutter unbewusst ersehnte und idealisierte »Ersatz« für den verstorbenen Bruder sein.

Pränatale und perinatale Komplikationen, die zum Tod des ungeborenen oder neugeborenen Kindes führen, sind gar nicht so selten. Pro Jahr werden rund 3.000 Kinder tot geboren. Insbesondere die Trauer der Mütter wird oft kompliziert durch Schuldgefühle, Selbstvorwürfe und Versagensgefühle (vgl. Wagner, 2013, S. 64). Häufig gibt es für den Kindstod im Mutterleib keine zufriedenstellende medizinische Erklärung, dann suchen die Betroffenen nach irgendwelchen Begründungen, die ihnen das Geschehen nachträglich verständlich machen können (»Hätte ich dies oder jenes in der Ernährung anders gemacht«, »Hätte ich diese oder jene körperliche Aktivität nicht unternommen«). Nicht selten sind die prä- oder perinatalen Verluste des Kindes auch mit Gedanken verbunden, der eigene Körper habe »versagt«, weil man das Kind »nicht halten« konnte, oder der Körper habe einen im Stich gelassen.

Derartige Erklärungen haben auch die unbewusste Funktion, die mit dem Kindstod verbundenen Hilflosigkeits- und Schuldgefühle zu beschwichtigen. In der deutschen Sprache besitzt das Wort »Schuld« zwei Bedeutungen: Die erste – kausal-pragmatische – besagt, dass jemand etwas verursacht, bewirkt oder gemacht hat, eben *nicht ohnmächtig* war! Die zweite – moralische – besagt, dass sich jemand gegen etwas oder jemanden vergangen habe, etwas »falsch« gemacht habe und dadurch »schuldig« sei. Wenn die Entwicklung von Schuldgefühlen angesichts des Kindstodes die Funktion hat, einen Ausweg aus unerträglichen Ohnmachts- und Hilflosigkeitsempfindungen zu finden, dann wäre es völlig verfehlt, jemandem diese Schuldgefühle – und seien sie noch so irrational – »ausreden« zu wollen. Erst wenn sich die anfänglichen, mit dem unerwarteten Schicksalsschlag verknüpften Hilf- und Hoffnungslosigkeitsgefühle vermindert haben, kann im besten Fall eine etwas realistischere Betrachtung möglich werden. Dann kann zum Beispiel die Funktionalität der Schuldgefühle untersucht werden.

Für einen Teil der Mütter und Väter ist es für die Trauerarbeit hilfreich, nach einer Tot- oder Frühgeburt das Kind noch einmal sehen oder berühren zu dürfen. Für andere kann diese Form des Abschiednehmens einen derartigen Schock bedeuten, dass daraus Angststörungen, Depressionen oder eine posttraumatische Belastungsstörung resultieren (Wagner, 2013, S. 66f.).

Auf vielen Friedhöfen sind mittlerweile spezielle Grabstätten für solche »Sternenkinder« eingerichtet worden. Sie geben den Eltern und Familien eine Möglichkeit, in Würde ihrer verstorbenen zu früh geborenen, tot geborenen oder früh verstorbenen Kinder zu gedenken, und bieten so eine Hilfe bei der Trauerarbeit der Betroffenen. In ganz Deutschlang gibt es heute rund 600 ehrenamtlich tätige Fotografen, die in der 2013 gegründeten Initiative »Dein Sternenkind« oder der 2015 gebildeten Organisation »Hope's Angel« mitarbeiten. Bei einer Fotografenanforderung (bundesweit bis zu achtmal an einem Tag) kann einer derjenigen, der sich in der Nähe der jeweiligen Klinik befindet, den Auftrag übernehmen. Solche Bilder der toten Kinder sind für viele Betroffene in ihrem Trauerprozess ungemein wichtig, besonders wenn mit der Zeit die inneren Erinnerungsbilder mehr und mehr verblassen.

Gerade für junge Familien ist der frühe Kindstod eine schwerwiegende Erschütterung, da bewusst und unbewusst alles auf die Übernahme der Elternschaft und der Generativität ausgerichtet war.

> Frau K. sucht mich auf, wenige Wochen nachdem ihr Sohn als Frühgeburt zur Welt gekommen und einen Tag nach seiner Geburt verstorben war. Dieser Tod hat auch alte Erinnerungen in ihr wachgerufen. Als sie sechs Jahre alt war, starb der Vater ihrer Mutter. Die Mutter trug zwei Jahre lang nur schwarze Kleidung und litt in Konfliktsituationen unter »Herz- und Erstickungsanfällen«. Diese instrumentellen »Spiele« der Mutter, um etwas durchzusetzen, wie sie Frau K. heute erkennen und benennen kann, lösten als Kind in ihr heftigste Ängste aus. Der ältere Bruder der Mutter war im Alter von drei Jahren tödlich von einem Zug überrollt worden. Der Tod ihres Sohnes rief bei Frau K. neben tiefer Trauer auch starke Panikgefühle und Todesängste in Bezug auf sich selbst, ihren Mann und ihre zwei anderen Söhne hervor. Darüber quälte sie intensiv die Schuldfrage. Stundenlange Weinkrämpfe machten sie arbeitsunfähig und vergrößerten und erschwerten ihre Sorge um die Familie. Erst ein therapeutisches Durcharbeiten ihrer Fantasie, mit einer erneuten Schwangerschaft den verstorbenen Sohn zu »verraten«, erlaubte ihr dann schließlich ein Wiederlebendigwerden und ein erneutes Schwangerwerden.

Ein plötzlicher und unerwarteter Tod ihres Kindes bedeutet eine verschärfte emotionale Herausforderung für die Eltern. Nicht selten wird das Zimmer des verstorbenen Kindes zumindest über einige Zeit konserviert und es darf auf keinen Fall etwas verändert werden.

Auch ein späterer Tod eines Kindes wird zumeist als »Widernatürlichkeit« (Rubin, 1993, zit. n. Znoj, 2004, S. 28) erlebt und stellt einen Schock dar. »Viele Eltern erleben den Tod eines Kindes wie das Wegsterben eines Teils ihrer selbst, wie eine Amputation« (Znoj, 2004, S. 28). Sigmund Freud schreibt nach dem Tod seiner 26-jährigen Tochter Sophie am 14. März 1920 an seinen Freund, den Psychiater Ludwig Binswanger: »Die Ungeheuerlichkeit, dass Kinder vor den Eltern sterben sollen, haben wir beide nicht überwunden« (Freud & Binswanger, 1992, S. 169).

Der Tod des Kindes hat auch unweigerlich Effekte auf das »System« Familie. Natürlich ist es ein Unterschied, ob es sich bei dem Toten um das erste und/oder einzige Kind handelt oder ob noch Geschwister vorhanden sind. Auch Auswirkungen auf das partnerschaftliche System der Eltern sind häufig zu beobachten. Gegenseitige Schuldzuweisungen und die Weitergabe der Kränkung können die gemeinsame Verarbeitung der Trauer behindern, partnerschaftliche Konflikte auslösen und im äußersten Fall zu einer Trennung als Folge des Verlusts führen (Znoj, 2004, S. 28f.; Wagner, 2013, S. 58ff.).

Der Tod der Eltern

Der Tod eines Elternteils oder beider Eltern ist natürlich eine der häufigsten Trauerursachen. Für die Möglichkeit der Trauerbewältigung ist eine ganze Reihe von Faktoren bedeutsam. Hier kommt es zunächst darauf an, in welchem Alter des Kindes die Eltern sterben. Edith Jacobsen (1977, S. 256) weist drauf hin, dass »der Verlust eines Elternteils in der frühen Kindheit nicht nur als Liebesverlust oder Verlust eines Liebesobjekts, sondern auch als schwere narzisstische Kränkung [...] erlebt« wird. Je älter, reifer und erwachsener und je abgelöster Kinder von den Eltern sind, desto besser dürften sie mit diesem Verlust zurechtkommen. Manche werden aber auch – häufig unbewusst – versuchen, einem überlebenden Elternteil den Partner oder die Partnerin zu ersetzen oder in eine »Parentifizierung« zu gehen, um die Elternrolle für den hinterbliebenen Elternteil oder auch die Geschwister zu übernehmen. Das bedeutet in aller Regel eine Überforderung. All das kann beim Kind den eigenen Bewältigungsprozess der Trauer erschweren oder verhindern.

Der Verlust von Vater und Mutter hat auch bei einer ganzen Reihe von Schriftstellern seinen literarischen Niederschlag gefunden.

Ich erinnere nur exemplarisch an Simone de Beauvoirs *Ein sanfter Tod* (1964), Peter Handkes *Wunschloses Unglück* (1972), Paul Kerstens *Der alltägliche Tod meines Vaters* (1978), Peter Härtlings *Nachgetragene Liebe* (1980), Phillip Roths *Mein Leben als Sohn* (1995), Philip Reichardts *Auf einmal war er nicht mehr da* (2005) oder Arno Geigers *Der alte König in seinem Exil* (2011).

Der Tod des Lebenspartners

Je länger und je enger Paare miteinander verbunden waren, desto schmerzlicher wird der Verlust dieser Beziehung erlebt. Lebenspartner entwickeln im Lauf der Zeit ein komplexes Beziehungsgeflecht, in dem Intimität und Distanz, Bindungsbedürfnisse und Abgrenzungs- oder Eigenständigkeitsbedürfnisse gegenseitig reguliert werden (vgl. Stierlin, 1971). Bei einer Trennung, insbesondere durch den Tod, fällt diese soziale Regulation weg, eine Erschütterung der Stabilität tritt ein, Ängste und Verunsicherungen treten auf und können der Trauerarbeit entgegenwirken.

»Eine Broken-heart-Studie (1969) konstatierte, dass nach dem Tod der Ehefrau 12% der Witwer (statt 1% der gleichaltrigen Männer ohne einen solchen Verlust) im folgenden Jahr starben, oft schon in der ersten Woche« (Luft, 2015, S. 94). Eine starke (symbiotische) Identifizierung führt nicht selten zum »*Mitsterben* im Laufe von Wochen oder Monaten nach dem Tod des Partners oder der Partnerin« (ebd., S. 154, kursiv i. O.). In der Verarbeitung des Partnerverlusts tun sich Männer oft schwerer als Frauen. »Verwitwete Männer haben ein dreimal so hohes Suizidrisiko wie verheiratete Männer«, was auch mit einer »erhöhten depressiven Befindlichkeit in Zusammenhang gebracht« wird (Znoj, 2004, S. 27).

Berührende Zeugnisse über den Verlust des Lebenspartners vermitteln die folgenden Bücher: Die französische Journalistin Anne Philipe verfasst nach dem Tod ihres Mannes, des Schauspielers Gérard Philipe, *Nur einen Seufzer lang* (1963/1964), der amerikanische Psychotherapeut Francis Robert Rodman verarbeitet in *Den Tod vor Augen* (1977/1979) den Verlust seiner Frau, die amerikanische Schriftstellerin Gerda Lerner schreibt angesichts des Sterbens ihres Mannes *Ein eigener Tod* (1978/1979) und der französische Philosoph Roland Barthes versucht mit *Tagebuch der Trauer* (2009/2010), den Tod seiner Mutter zu bewältigen, mit der er sein ganzes Leben in einer Wohnung gelebt hat.

Der Tod eines Geschwisters

Birgit Wagner (2013, S. 79) charakterisiert mit Rothman (2002) Geschwister, die einen Bruder oder eine Schwester verlieren, als die »vergessenen Trauernden«. Auch hier spielt selbstverständlich das Alter, in dem ein solcher Verlust erfahren wird, eine entscheidende Rolle für die seelische Verarbeitung. Da die Eltern in dieser Situation häufig primär mit ihrer eigenen Trauer und Trauerbewältigung beschäftigt sind, fehlen ihnen oft die seelischen Kapazitäten, sich darüber hinaus mit dem trauernden Geschwisterkind zu befassen. Im Gegenteil: Nicht selten fühlen sich die überlebenden Kinder in der Parentifizierung verpflichtet, ihrerseits für das seelische Wohlergehen ihrer Eltern zu sorgen und darüber die eigene Trauer zu vernachlässigen. »Es ist eine der schwierigsten Aufgaben für Eltern in dieser Situation, ihre Elternrolle auszufüllen und der Familie Struktur und Halt zu geben« (Wagner, 2013, S. 79).

Als sehr problematisch habe ich es in meiner Praxis mehrfach erlebt, wenn Nächstgeborene das verstorbene Kind für die Eltern in irgendeiner Weise »ersetzen« sollen (vgl. Küchenhoff, 1991). Das verstorbene Kind wird dabei in der Regel idealisiert und die Nachgeborenen können im Vergleich an diesem Ideal nur scheitern.

> Frau J. wurde von ihrer Mutter vermittelt: »Wenn A. nicht gestorben wäre, dann gäbe es dich überhaupt nicht.« Diese Bemerkung ihrer Mutter verarbeitete Frau J. schuldhaft: Sie fühlte sich unbewusst für den Tod ihres Bruders verantwortlich, der ein Jahr vor ihrer Geburt am plötzlichen Kindstod verstorben war. Man kann sich unschwer vorstellen, wie diese Frau lange Zeit bewusst und unbewusst um eine (davon) unabhängige Existenzberechtigung kämpfte.

Da Geschwisterrivalität ein natürliches Vorkommnis ist, können im Falle des Todes eines Geschwisters bei den Überlebenden starke unbewusste Schuldgefühle mobilisiert werden. Nicht nur, weil man sich nicht selten unbewusst oder auch bewusst gewünscht hat, dass das Geschwister nicht (mehr) da wäre, was nun Realität geworden ist, sondern es tritt auch bisweilen etwas auf, was der Psychoanalytiker William Niederland (1980) als »Überlebensschuld« bezeichnet hat. Sie kreist um die Frage: Warum musste der oder die andere sterben und ich nicht? Auch wenn Niederland hier primär die Opfer der Shoah im Blick hat, ist dieses Phänomen auch bei anderen »Überlebenden«, zum Beispiel nach Naturkatastrophen oder Terroranschlägen, nicht selten zu beobachten.

Eine spezifische bewusste oder unbewusste Trauerproblematik (Schuldproblematik) entsteht für den Überlebenden beim Tod von Zwillingskindern, besonders wenn nur einer von beiden die Schwangerschaft übersteht, was gar nicht so selten vorkommt.

Astrid Lindgren hat mit ihrem 1974 in deutscher Übersetzung erschienenen Buch *Die Brüder Löwenherz* dem Geschwistertod ein zeitloses Werk gewidmet.

Trauern über das Altern

Eine ganz besondere Herausforderung für das Trauern stellt der Alterungsprozess des Menschen dar, der ja im Grunde mit seiner Zeugung beginnt. Neben den vielen Neuerfahrungen, Zugewinnen und Bereicherungen ist jeder Lebensprozess auch von fortwährenden Abschieden, Trennungen und Verlusten geprägt. Letztere verdichten sich im Alter. Neben dem Ende der beruflichen Tätigkeit kommt es zu einer Abnahme körperlicher und geistiger Leistungsfähigkeit. Auch die Beziehungen zu Gleichaltrigen und Älteren sind durch zunehmende Verluste bestimmt. Alle diese Trennungs- und Verlusterfahrungen erfordern Trauerarbeit. »Als zentrale Aufgabe des Alterns wird der ›Trauer- und Befreiungsprozess‹ […] angesehen« (Radebold, 1998, S. 148; vgl. M. Mitscherlich, 2010, S. 211ff.). Die mentale und emotionale Auseinandersetzung mit dem Alter hat die Psychoanalytikerin Danielle Quinodoz (2012, S. 15) mit dem trefflichen Begriff der »Alternsarbeit« charakterisiert.

Heute wird die einseitig negative Sichtweise auf das Alter (»Defizitmodell«) zunehmend durch ein komplexes »Entwicklungsmodell« (Leben als lebenslanger Prozess) ersetzt (vgl. Haubl, 2015, S. 295), das auch die positiven Aspekte des Altwerdens hervorhebt (Kriebel, 2015, S. 343). Verluste und Chancen, Widersprüche und Konflikte der Altersphase werden als herausforderndes »Spannungsfeld« zwischen Verlusterfahrungen und Entwicklungschancen begriffen (Peters & Kipp, 2002, S. 10; Peters, 2015, S. 325, 330f.; Kriebel, 2015, S. 343), als Spannung zwischen Hoffnung und Resignation (Hoffnungslosigkeit), zwischen Sinn und Sinnlosigkeit. Es geht gleichermaßen um die »Licht- und Schattenseiten« des Alters (Quinodoz, 2012, S. 13).

»Wohin Worte nicht mehr reichen« – Trauma und Trauer

Es gibt traumatische Lebens- und Verlusterfahrungen, die sich jeder »Bewältigung« entziehen. Der Auschwitz-Überlebende Jean Améry formuliert das so: »Wer der Folter erlag, kann *nicht mehr heimisch werden in der Welt*. Die Schmach der Vernichtung lässt sich nicht austilgen. Das zum Teil schon mit dem ersten Schlag, in vollem Umfang aber schließlich in der Tortur eingestürzte *Weltvertrauen wird nicht wiedergewonnen*« (Améry, 1966/1988, S. 58; kursiv von mir). Es gibt zwei grundsätzlich unterschiedliche Reaktionsweisen auf eine traumatische Erfahrung. Die eine führt zu einer *Gefühlsabstumpfung*, die Betroffenen werden im Extrem völlig gefühlstaub. Oder es tritt eine gegenteilige Reaktion ein, die Gefühle geraten außer Kontrolle, es kommt zu einer *Gefühlsüberflutung*.

Ein traumatisierendes Ereignis liegt außerhalb der gewöhnlichen menschlichen Erfahrung und überschreitet die Grenzen der seelischen Belastbarkeit. Die Intensität von Gefühlen der Erregung, des Schreckens, der Angst, des Schmerzes, der Trauer, der Ohnmacht und Hilflosigkeit führt dazu, dass das gewöhnlich funktionierende Verarbeitungs- und Bewältigungssystem des Individuums, also das »Ich« mit seinen seelischen Abwehr- und Anpassungsmechanismen, überfordert wird und zusammenbricht. Der seelische Regulationsapparat, vor allem in seiner Funktion, den Erfahrungen Sinn und Bedeutung zu verleihen (»Symbolisierungsfunktion«), wird gestört, beeinträchtigt, beschädigt oder im Extremfall zerstört.

Traumatische Erfahrungen machen die betroffenen Menschen häufig stumm und beeinträchtigen ihre Fähigkeit, sich mit Worten ausdrücken zu können. Sie hindern sie, das Erlebte, das sie beschäftigt und mit dem sie nicht fertig werden, zur Sprache zu bringen (vgl. Laub, 2000). Da das Erlebte aber unbewusst nach »Äußerung« drängt, einen »natürlichen ›Auftrieb‹« (Freud, 1940a 1938, S. 104) besitzt, bedienen sich traumatisierte Menschen nicht selten der »Körpersprache« durch körperliche Symptombildungen oder eines unbewussten »Handlungsdialoges« in ihren sozialen Beziehungen. Dabei kommt es nicht selten zu unbewussten Wiederholungen der ursprünglichen traumatischen Beziehungen (»Wiederholungszwang«). Nicht, weil Traumatisierte nach der Wiederholung des Traumas suchen, sondern weil sie von der unbewussten Hoffnung getrieben sind, dass es diesmal besser ausgeht.

Das Ziel der psychoanalytischen Behandlung eines traumatisierten Patienten ist die Möglichkeit der Integration des Traumas in die Persönlichkeit oder, wie es der polnische Philosoph Leszek Kolakowski einmal trefflich formulierte: ein »Leben trotz Geschichte« (1977).

Allerdings: Keine noch so gute und gelungene Psychoanalyse eines traumatisierten Patienten kann die Traumaerfahrung aus der Welt schaffen. Bisweilen benutze ich gegenüber meinen traumatisierten Patientinnen und Patienten, die solche Wünsche äußern, das Bild vom Trauma als einem »Loch im Ich«, das die traumatische Erfahrung gerissen hat. Eine psychoanalytische Behandlung des traumatisierten Patienten kann im besten Fall die Ränder des Loches ein Stück mehr zur Mitte hin verschieben, sodass es kleiner wird, es aber niemals völlig zum Verschwinden bringen.

Psychotherapeutische Behandlung krankhafter Trauerreaktionen

Die normale oder natürliche Trauer bedarf keiner psychotherapeutischen Behandlung. »Selig die Trauernden, denn sie werden getröstet werden« (Mt 5,4), heißt es in der Bibel. Das kann man so verstehen: Nur wer fähig ist zum Trauern, kann in einem Trauerprozess sich selbst aus dieser Trauer befreien oder durch Hilfe anderer aus ihr befreit werden. Und wer nicht trauern kann, muss zunächst zum Trauern befähigt werden (vgl. Singletary, 2001, S. 146).

Die pathologische Trauer gibt es nicht. Wie dargestellt, erstreckt sich die »gestörte Trauer« über ein weites Spektrum. Es existieren verschiedene, sehr unterschiedliche Formen von Trauererkrankungen. Entsprechend der Art und der psychischen Folgen gestörter Trauerprozesse ist ein angemessenes Vorgehen in der psychotherapeutischen Behandlung vonnöten. Hugo Bleichmar (1996, 2010a, 2010b) wird nicht müde zu betonen, dass nur eine differenzierte Diagnostik der vielfältigen und vielschichtigen pathologischen Trauerreaktionen jeweils individuell adäquate psychotherapeutische Strategien und Interventionen ermöglicht! Deshalb ist vor jeder Psychotherapie eines Trauerkranken eine sorgfältige differenzierende Diagnostik vonnöten.

Diagnostik pathologischer Trauer

Die pathologische Trauer lässt sich in Abgrenzung zur normalen Trauer relativ grob durch die Charakteristika Intensität, Qualität und Dauer (vgl. Wagner, 2013, S. 14) bestimmen. Die Diagnosekriterien für das gestörte Trauern sind in der Fachöffentlichkeit allerdings weiter strittig. Darüber hinaus können alle Formen von

Trauererkrankungen auch komorbid auftreten (vgl. Znoj, 2012, S. 63).

Wenn geklärt ist, um welche spezifische Form gestörter Trauer es sich bei einem bestimmten Patienten handelt, können entsprechende Behandlungsindikationen gestellt werden. Je komplexer und tiefer in der Persönlichkeit verwurzelt die Trauerstörung ist, desto eher sind sicher psychodynamische Behandlungsansätze (tiefenpsychologisch fundierte Psychotherapie, analytische Psychotherapie oder Psychoanalyse) angemessen (vgl. Leuzinger-Bohleber, 2005b, S. 800).

Grundsätzliches zur Psychotherapie von Trauerkranken

Die psychotherapeutische Arbeit mit Trauerpatienten, insbesondere wenn sie mit Suizidalität verbunden ist, stellt erhebliche Anforderungen an die professionelle und persönliche Kompetenz des Therapeuten. Am Beginn der therapeutischen Arbeit kann es hilfreich sein, dem Kranken auch ausdrücklich zu versichern, dass seine Suche nach kompetenter Hilfe kein Zeichen von Schwäche, sondern im Gegenteil ein Zeichen von Stärke und Vernunft ist.

Wenn die Trauerstörung in einer Blockade der normalen Trauerverarbeitung besteht, dann besteht die therapeutische Aufgabe darin, diese Fixierungen zu lösen. Vamik Volkan und Elisabeth Zintl (1993/2000, S. 132) bezeichnen das als »Therapie zur Wiederbelebung des steckengebliebenen Trauerprozesses«. Ursache für Trauerblockierungen ist nicht selten das (unbewusste) Bemühen, den mit der Trauer verbundenen Schmerz zu vermeiden. Die Konfrontation mit dem Trauerschmerz ist aber für eine gelingende Trauerarbeit unumgänglich. »Trost alleine ist […] keine ausreichende Hilfe für die Trauerarbeit. Der Patient muss den Schmerz des Verlassenseins akzeptieren« (Lindemann 1979/1985, S. 55). Voraussetzung dafür ist, dass der Patient in der therapeutischen Situation und Beziehung die Sicherheit hat, »seinen Schmerz und das Gefühl des Verlusts ausdrücken [zu] können« (ebd.; Mentzos, 2006, S. 160).

Deshalb ist es für den Patienten wichtig, im Therapeuten einem Menschen zu begegnen, der etwas weniger Angst vor der Trauer hat als er selbst oder auch sein Umfeld und der sie deshalb auch etwas weniger abwehren muss. Viele Patienten haben in ihrer Lebensgeschichte erfahren, dass ihre nähere Umgebung »negative« Gefühle wie Ohnmacht, Angst, Schmerz und Trauer, besonders wenn sie überwältigend erscheinen, nicht aushalten und deshalb bei sich selbst und beim anderen nicht zulassen konnte. Die Ablehnung beziehungsweise Abwehr kann sich von (Ver-)Tröstung (»Ist doch nicht so schlimm«, »Wird schon wieder«) über Entwertung (»Stell dich doch nicht so an«, »Sei keine Memme«) bis hin zu Strafandrohung (»Wenn du nicht sofort damit aufhörst …«) erstrecken. Die Patienten fühlten sich entsprechend mit ihren bedrohlichen Gefühlen allein gelassen, nicht gehalten und zudem abgelehnt. Hierfür bedürfen sie in ihrer Therapie einer alternativen und damit korrigierenden Erfahrung.

Wenn der Psychotherapeut in die Falle tappt, einem depressiv Erkrankten nur zu vermitteln, sein Problem bestehe in einer »falschen Interpretation« seiner Situation und er müsse lernen, es besser zu machen, dann könnte eine solche therapeutisch vielleicht gut gemeinte Mitteilung *unbewusst* den depressiven Zustand verstärken und verlängern. Der Depressive hört dann vielleicht unbewusst nur: »Sie haben *wieder* etwas *falsch* gemacht«, und er fühlt sich unbewusst von einem solchen Therapeuten in seinem Versagen und Minderwertigkeitsgefühl bestätigt, was seine Symptome eher aufrechterhalten würde.

Das beeinträchtigte Selbstwertgefühl des Trauerkranken erfährt eine Stützung und Hebung, wenn der Therapeut ihm Ermutigungen anbietet, die an seinen ganz realistischen und wirklich vorhandenen Begabungen und Stärken, seinen Ressourcen anknüpfen. Wesentlich ist es, den Patienten erleben zu lassen, dass der Therapeut nicht zum Beispiel wie eine narzisstisch bedürftige Mutter vom Wohlverhalten des Patienten beziehungsweise vom Erfolg der Therapie abhängig ist.

Wenn wir als Psychotherapeutinnen und -therapeuten einem depressiven Patienten grundsätzlich wertschätzend gegenübertreten und *mit ihm zusammen* untersuchen, *warum* er sich so fühlt und erlebt, dann bieten wir schon in unserer Beziehung und unserem Verhalten eine Alternative zu seinen ständigen Selbstentwertungen an: Wir nehmen ihn als Person und als »therapeutischen Mitarbeiter« (vgl. Freud, 1895d, S. 285) ernst.

Ganz bedeutsam ist es für den Erkrankten, zu spüren, wie viel Ärger, Wut, Hass und Rachebedürfnis auch in ihm lebendig ist. Diese können sich zum Beispiel in einer alternierenden Idealisierung und Entwertung des Therapeuten manifestieren. Solche Gefühle und Impulse können in der Therapie hochkommen, wenn der Depressive im Behandlungsverlauf immer sicherer werden kann, dass der Therapeut keine – jedenfalls keine starke – Angst vor heftigen Aggressionen und Zerstörungsfantasien hat. Dazu trägt bei, dass der Therapeut derartige Gefühle nicht mit beschwichtigenden und/oder tröstenden Worten abwehrt. Seine Sicherheit verstärkt sich, wenn der Patient erleben kann, dass der Therapeut die Negativismen und Entwertungen seiner Person nicht einfach durchgehen lässt und akzeptiert und dass er die Angebote zum Kontaktabbruch eben nicht einfach durchgehen lässt – sich im Sinne von Winnicott (1984) »nicht zerstören« lässt. Hilfreich ist es darüber hinaus, wenn es dem Therapeuten gelingt, die Destruktivität des Patienten dadurch zu modifizieren, dass er mit klaren und rechtzeitigen Deutungen der – oft nicht bewussten – Aggression das Ansprechen positiver Beziehungsangebote des Trauerkranken verbinden kann.

Gesteigerter therapeutischer Sorgfalt bedürfen pathologische Trauerreaktionen, die aus Traumatisierungen erwachsen. Die Verlustverarbeitung wird gravierend gestört, wenn zum Beispiel ein Mensch den Tod eines nahen Angehörigen durch einen Unfall oder ein Attentat miterleben muss oder als erster einen suizidierten Angehörigen findet. Auch das Miterleben der Folterung, Vergewaltigung oder Ermordung eines Nahestehenden wird schwer traumatisierend erfahren und so jemand findet oft nur sehr mühsam eine Befreiung aus der Trauer.

In der Endphase der Trauerbehandlung wird es immer wichtiger, die Realitätsprüfung des Patienten zu fördern. Wenn der Patient wahrnehmen kann, dass der Therapeut aufrichtig bereit ist, die Schwächen und Grenzen seiner Kompetenz zu sehen und anzuerkennen, dann kann auch er das notwendige Zutrauen gewinnen, Schwächen und Begrenzungen seiner eigenen Persönlichkeit mehr zu tolerieren.

Wenn Therapeutinnen und Therapeuten im Sinne einer Achtsamkeit sich selbst gegenüber spüren, dass die Arbeit mit Trauerpatienten sie an ihre Grenzen bringt oder gar überfordert, dann ist es für die eigene Psychohygiene und für die produktive Weiterarbeit mit dem Patienten nötig, Entlastung durch Supervision oder Intervision zu suchen (vgl. auch Gerisch, 2012, S. 114, 118). Zu einem verantwortungsvollen, »professionellen« Verhalten des Therapeuten gehört im Übrigen, im gegebenen Fall – zum Beispiel wenn die »persönliche Gleichung« zu stark ist und die notwendige »therapeutische Distanz« verunmöglicht – dem Patienten in einer geeigneten, taktvollen Weise mitzuteilen, dass eine gemeinsame Arbeit zwischen ihnen beiden nicht möglich ist (vgl. auch Wagner, 2013, S. 104f.).

Psychodynamische oder psychoanalytische Therapie bei Trauerkranken

Eine psychoanalytische oder psychodynamische Therapie lässt sich ganz allgemein als »Entwicklungspsychotherapie« (Auchter, 1983) begreifen. Psychoanalytiker verstehen sich als »Entwicklungshelfer« (Winnicott in einem Brief an J.D. Collison vom 10. März 1969, zit. n. Rodman, 1987, S. 186), die »eingefrorene« Entwicklungsprozesse wieder auftauen (vgl. Auchter, 1995), wieder verflüssigen (Winnicott, 1958, S. 283; Auchter, 2002b) und zur Weiterentwicklung anregen.

Da seelische Gesundheit ebenso wie seelische Krankheit in Beziehungen entwickelt wird, ist die *therapeutische Beziehung* auch das bevorzugte Instrument seelischer Veränderung (Loch, 1975, S. 156; Küchenhoff, 2004, S. 831). »Psychoanalytiker sein heißt […] eine neue Art von Beziehung anzubieten« (Klauber, 1980, S. 194). Aus diesen Gründen lässt sich die Psychoanalyse als Therapie nicht auf ein störungsspezifisches, leitlinienorientiertes *technisches* Instrument (vgl. Auchter, 2003) zur kurzfristigen Behandlung spezifischer Störungsbilder reduzieren. Im Übrigen impliziert eine unkritische Verwendung des Begriffs »Störung« (vgl. Küchenhoff, 2017, S. 17) die Vorstellung, eine solche könnte und müsste – entsprechend dem heutigen Zeitgeist – »schnell und vollständig« *beseitigt* werden. Sowohl Rainer Rehberger (2004, S. 114) als auch Ilany Kogan (2011, S. 26) stellen in ihren Vorschlägen zum therapeutischen Umgang mit Trauerkranken das mühsame und länger dauernde *Durcharbeiten* der Trauerabwehr ins Zentrum.

Die Psychoanalyse ist dem durch Kurzfristigkeit geprägten Zeitgeist gegenüber eine »anachronistische« psychotherapeutische Methode, die vor allem längerfristig einen *Beziehungsraum* anbietet, innerhalb dessen mittels der Interaktion zwischen Patient und Analytiker oder innerhalb einer Gruppe unbewusste »Reinszenierungen« eingefrorener, »verfehlter« Beziehungserfahrungen (Winnicott, 1958, S. 281) möglich werden. Dadurch werden diese unbewussten, unaufgelösten lebensgeschichtlichen Konflikte ganz konkret und leibhaftig in der Beziehung zwischen Patient und Therapeut lebendig, »sichtbar« und spürbar und dadurch einem bewussten Bearbeiten und Durcharbeiten zugänglich. Diese Form der therapeutischen Arbeit ermöglicht tief gehende strukturelle Veränderungen im Patienten, die langfristig und andauernd (vgl. Leuzinger-Bohleber et al., 2001) sind und nicht nur eine kurzzeitige Milderung oder den temporären Verzicht auf störende Symptome gestatten, sondern seine Lebendigkeit wiederherstellen und erweitern.

Die ersten lebensgeschichtlichen Erfahrungen der Trauer und ihrer Abmilderung beziehungsweise Bewältigung oder auch deren Missglücken vollziehen sich vorrangig in der *Beziehung* zwischen einer Mutter und ihrem Kind. Derartige Beziehungserfahrungen sind die Blaupause für alle psychodynamischen Psychotherapien und auch für psychotherapeutische Behandlung krankhaft Trauernder (vgl. Yalom, 2008, S. 195f.; Mentzos, 2001, S. 122). Bei den Trauererkrankungen, besonders den schweren, sind zumindest zunächst nicht so sehr »Deutungen« und die sich daraus ergebenden »Einsichten« beim Patienten therapeutisch wirksam, sondern die neuen Beziehungserfahrungen mit dem Therapeuten (vgl. Leuzinger-Bohleber, 2005b, S. 808).

Das differenzierte Bewusstmachen der Therapeut-Patient-Beziehung sollte in Situationen wie diesen nicht vermieden werden, um sich wirklich auf die Tiefen und Untiefen des Gegenübers einzulassen. Gerade für traumatisierte oder an einer Trauererkrankung leidende Patienten ist zu allererst die Erfahrung notwendig, einem wirklichen therapeutischen *Gegenüber*, einer Person, (Stingl, 1992, S. 8) zu begegnen. »Object-presenting«, sich als wirkliches Gegenüber erweisen, nennt Winnicott (1965a, S. 60; 1965b, S. 18; 1971, S. 111; 1989, S. 89) diese Form der psychotherapeutischen Begegnung.

Für Trauerkrankte mit gefühlseinschränkenden Vorerfahrungen durch ihre Mitwelt ist es eine zunächst oft unglaubliche und dann unglaublich erleichternde Erfahrung, wenn ihre Gefühle in der analytischen Situation einen Raum der Akzeptanz finden, erst einmal einfach »sein« dürfen. Dass sie damit ernst genommen werden, und dass man dann vielleicht gemeinsam nach »Lösungen« suchen kann, die einem im Moment des Überwältigtwerdens durch solche Empfindungen gar nicht einfallen können. Die Annahme und Anerkennung, das »Containing« (Bion) der beängstigenden, schmerzlichen und traurigen, meist unerträglich erscheinenden Gefühle durch den Analytiker wird dem Patienten den Zugang auch zu den Aspekten seiner Persönlichkeit und seiner Geschichte erleichtern, deren bisherige Verdrängung ihn gerade krank gemacht hat.

> Der Bruder der 32-jährigen Frau S., mit dem diese lebenslang in heftigster Rivalität gelebt hatte, kommt in der Anfangszeit ihrer Psychotherapie bei einem Sportunfall ums Leben. Er fällt von einem Segelschiff über Bord ins Meer und bleibt verschwunden. Lange Zeit kann Frau S. nichts dazu empfinden, ein ausdrückliches Durcharbeiten dieses Verlusts in der Psychoanalyse scheint nicht möglich. Aber etwa zwei Jahre nach seinem Tod träumt sie: »Ich bin an einem Strand und finde eine kleine rosa Muschel. Ich nehme die Muschel in die Hand. Sie wird größer und größer. Schließlich verwandelt sie sich in einen Stein, einen ›Grabstein‹. Ich wache auf und fühle einen ganz tiefen Schmerz in mir und muss heftig weinen. Da spüre ich, dass das der Schmerz über den Tod meines Bruders ist, den ich bis zu diesem Zeitpunkt nie fühlen konnte.«
>
> Ihre bis dahin unterdrückten, ungelösten Gefühle hatten sich im Traum ein »Symbol zum Erinnern« geschaffen: einen Grabstein für den Bruder, den es aufgrund der Umstände seines Todes in der Realität nicht gibt. Dieser »virtuelle« Erinnerungsort ermöglichte ihr anschließend die bewusste unumgängliche Trauerarbeit und das Abschiednehmen vom Bruder und von der gemeinsamen belasteten Vergangenheit.

Trauererkrankungen oder Depressionen werden häufig deswegen nicht frühzeitig oder richtig diagnostiziert, weil sie sich nur

»larviert«, das heißt *verkleidet*, präsentieren (»larvierte Depression«), vor allem zum Beispiel in der Maske einer *körperlichen* Symptomatik (Haubl, 2005, S. 299ff.). Psychoanalytiker bezeichnen das als die »Somatisierung« der Depression (ebd., S. 300ff.). Auch in diesen Fällen muss hinter dem Körpersymptom die eigentliche Erkrankung aufgespürt werden.

> Frau C., der in ihrer Kindheit von ihrem Vater über mehrere Jahre sexuelle Gewalt angetan wurde, stand lange Zeit unter dem unwiderstehlichen Zwang, sich in depressiven Spannungssituationen, wenn sie sich verzweifelt und leer fühlte, die Arme aufzuritzen, bis Blut floss, und dann weiter und weiter schneiden zu müssen. Etwa ein halbes Jahr nach Aufnahme unserer analytischen Arbeit geriet Frau C. in einer Zeit der Therapieunterbrechung durch Ferien in einen starken depressiven Zustand. In der Stunde nach den Ferien berichtet sie mir darüber: »Ich spürte wie zwei Stimmen in mir kämpften. Eine drängte mich: ›Nimm das Messer und schneide!‹ Die andere sagte: ›Warum willst du das tun? Lass es doch sein!‹ Diesmal konnte ich nach dem zweiten Schnitt aufhören.« Entsprechende vorausgegangene therapeutische Dialoge mit mir konnte Frau C. offensichtlich verinnerlichen und in innere Dialoge umwandeln. Sie standen ihr dann in dieser Krisensituation zur Verfügung und verhinderten diesmal eine erneute weiter gehende Selbstverletzung.

Das Symptom will uns etwas mitteilen, es hat eine *Bedeutung*, die es herauszufinden gilt. Wenn versucht wird, das Symptom zum Beispiel mit Antidepressiva zum Verschwinden zu bringen, wird möglicherweise gleichzeitig die »Botschaft« (Hell, 1994, S. 15, 205) zerstört, die in ihm steckt. »Die psychischen Störungen haben dann nichts mehr mit den Problemen einer Person zu tun, sondern mit einer Krankheit, die einen Kranken befällt, der nicht länger als ein [eigenständig] Handelnder betrachtet wird« (Ehrenberg, 2004, S. 208f.). Das *Subjekt* Patient wird zum *Objekt* seiner Krankheit und entsprechend auch zum *Objekt* der Heilungsbemühungen des Therapeuten. Ich verkenne durchaus nicht, dass auch viele Patientinnen und Patienten selbst ausschließlich an einer kurzfristigen Symptombeseitigung interessiert sind, denn eine zeitintensive psychotherapeutische Auseinandersetzung mit sich selbst, seiner Geschichte und seinen Beziehungen kann eine äußerst belastende, schmerzhafte und traurige Seelenarbeit sein, die viele Menschen scheuen. Allerdings lohnen sich der Zeitaufwand und die seelischen Mühen, weil sie tiefer gehende und lang anhaltende Lösungen von seelischen Problemen ermöglichen.

> Frau U. formuliert nach über einem Jahr psychoanalytischer Behandlung (ungefähr 25 Sitzungen Kurzzeittherapie): »Ich merke, dass ich durch die therapeutische Auseinandersetzung damit immer mehr Abschied nehme von meiner traurigen, belastenden und niederdrückenden Vergangenheit. Der Abstand dazu schafft Platz in mir, Raum für mich selbst, ich werde immer freier.«

Was es in einer psychoanalytischen Behandlung gemeinsam zwischen dem Subjekt Patient und dem Subjekt Psychoanalytiker zu analysieren gibt, sind die unbewussten Gründe und die Ursachen der Symptome einer depressiven Erkrankung. Dem tieferen Sinn und dem Wert der Symptome versuchen wir Psychoanalytiker als »*Tiefen*psychologen« auf die Spur zu kommen, indem wir gemeinsam mit dem Patienten in unseren therapeutischen Gesprächen nach ihren komplexen unbewussten Wurzeln graben. Psychoanalytiker »behandeln Subjekte und nicht Krankheiten« (Becker & Nedelmann, 1980, S. 115).

Der Erkrankte bedarf grundlegend eines gewährenden, zuhörenden, verstehenden und schließlich deutenden therapeutischen Raumes, in dem sein Leiden, seine Trauer, das »Unsagbare« erste Worte finden und zur Sprache kommen kann. Nützlich ist häufig allein schon die Benennung seines Erlebens als Trauererkrankung oder Depression, weil der seltsam unfassbare und undefinierbare Zustand die Patientinnen und Patienten oft ängstigt. Freud (1905d, S. 126) hat das einmal auf die Formel gebracht: »Wenn jemand spricht, wird es hell.« Wenn Schmerzen in Worte gefasst werden können, wenn sie dadurch begreifbar werden, wenn sie lebensgeschichtlich eingeordnet werden können, wenn sie dem bewussten Verständnis zugänglich werden, dann vermindert sich nicht selten schon allein dadurch ihre Intensität.

> Frau R. (35 Jahre alt) kommt leise weinend in die (184.) Stunde (morgens um 8 Uhr). Eine Stunde zuvor hatte sie den Anruf bekommen, dass ihr Vater, der von der Mutter getrennt in einer entfernten Stadt lebte, verstorben sei. Ihre erste Sorge ist: »Wie sage ich es der Mutter?« – »Wie soll ich das überstehen, ich habe noch nie einen Toten gesehen?« – »Ich habe große Angst, dass ich absaufe.« Dann werden verschiedene Mechanismen der Trauerreaktion spürbar: »Ich dachte heute morgen, das Leben hier geht weiter.« – »Es ist etwas Gesundes bei der Heulerei, aber wenn ich heule, kriege ich keine Luft mehr.« Sie denkt darüber nach, ob sie nicht die Beerdigung vermeiden könnte, weil sie so viel Angst hat, das nicht zu überstehen. »Ich habe es doch gewusst, dass er stirbt. Hätte ich die Zeit nicht besser nützen können?« Immer wieder schluchzt sie in sich hinein.
>
> Eine Bemerkung von ihr gegen Ende der Sitzung erlebe ich als Bestätigung meiner ruhigen Anteilnahme ohne große Worte, in der ich ihr Raum für ihre Gefühle gelassen hatte: »Ich habe Angst, wenn Sie zu lieb zu mir sind, dass ich dann die Fassung verliere. Wenn ich übermäßiges Mitleid und Mitgefühl spüre, dann gehe ich vor die Hunde.« Sie erlebt es als Fortschritt, an diesem Tage in der Analyse nach Tröstung suchen zu können, ohne sich auf der Couch aufsetzen zu müssen – wie sie es gewöhnlich in schwierigen Phasen ihrer Analyse tut.

Gegen die Selbstzweifel, gegen die Selbstbeschuldigungen, gegen die selbstschädigenden Impulse und gegen die starke Ambivalenz des Trauerkranken ist es zunächst notwendig, eine feste und tragfähige *Beziehung* zwischen Therapeut und Patient, ein verlässliches *Arbeitsbündnis* zu etablieren. »Auch für die Depressionsbehandlung gilt […], [dass] die Qualität der therapeutischen Beziehung entscheidend für die Qualität und das Ergebnis der Therapie« ist (Küchenhoff, 2017, S. 82).

Sehr bedeutsam ist es, mit dem Kranken zusammen herauszuarbeiten, dass er ein *enttäuschter* Mensch ist. Das Ansprechen des verminderten Selbstwertgefühls vermag dem Patienten eine distanziertere Betrachtung seiner selbst zu erlauben und damit die Möglichkeit, sich schrittweise aus seiner Verstrickung in Hilf- und

Hoffnungslosigkeit zu befreien. Für den therapeutischen Prozess wichtig ist es zudem, den Patienten die »regelmäßig vorhandene Ambivalenz gegenüber dem Verstorbenen fühlen zu lassen« (Charlier, 1987, S. 878). Häufig ist es schon früh möglich, die Ambivalenz des Trauerkranken aufzugreifen und zu deuten. Diese vorausgehenden Schritte ermöglichen schließlich auch das Ansprechen und Durcharbeiten der häufig starken Schuldgefühle des Patienten. Zur Entlastung von Schuldgefühlen kann außerdem beitragen, dass der Therapeut den Patienten darauf verweist, dass ihm seine Lebensgeschichte wenig andere Möglichkeiten geboten hat, als so zu werden, wie er ist, und anders handeln zu können.

Herbert Schlesinger (2001, S. 119) macht auf die wichtige Tatsache aufmerksam, dass der fortschreitende Prozess der Selbsterkenntnis und des Selbstbewusstwerdens im Rahmen einer Psychoanalyse unter anderem dazu führen kann, dass sich bis dahin bedeutsame Beziehungen als überholt erweisen oder sich ihre Natur gravierend verändert, was Trennungen bewirken und in der Folge mit Verlusten verbunden sein kann. Auch der Symptomverlust im Rahmen eines therapeutischen Prozesses umfasst neben der Freude bisweilen auch den Schmerz über die Veränderung und die Angst vor dem Neuen. Alle therapeutischen Wachstumsprozesse sind also unvermeidlich auch mit Verlusten verknüpft, deren Bewältigung eine Herausforderung darstellt (ebd., S.131). Mit diesen Entwicklungen sind immer auch Trauerprozesse verbunden. Sie sind im Rahmen der tragfähigen und wohlwollenden therapeutischen Beziehung und Begleitung leichter anzugehen und gegebenenfalls zu einem Abschluss zu bringen.

Eine »klassische« Psychoanalyse wird wohl nur bei einem geringen Teil der Trauererkrankungen die Indikation der Wahl sein. Für die psychoanalytische oder psychodynamische Trauerbehandlung sind spezifische Modifikationen der Standardtechnik unumgänglich. Dominiert bei einem trauernden Patienten die Antriebslosigkeit, ist sicherlich ein aktiveres Vorgehen als gewöhnlich notwendig (vgl. Mentzos, 2001, S. 121; Green, 1993, S. 229). Steht die aggressive Komponente beim Patienten im Vordergrund, ist eher eine klarifizierende und konfrontierende therapeutische Umgangsweise sinnvoll.

Reflexion der Gegenübertragung

Besonders wenn die Trauererkrankung mit einer posttraumatischen Belastungsstörung im Zusammenhang steht, ist zunächst eine unbedingte Annahme des Patienten mit seinen Symptomen und seinem Narrativ des Traumas vonnöten. Dazu bedarf der Psychotherapeut selbst etwas, was ich in Anlehnung an Elisabeth Zetzels Begriff der »Depressionstoleranz« (1970/1974, S. 278) als »Trauertoleranz« bezeichnen möchte. Das bedeutet, dass der Psychotherapeut mit seinen eigenen Trauererfahrungen einigermaßen im Reinen sein muss und nur wenig Angst vor einer Auseinandersetzung mit der Trauer hat. Erst das erlaubt ihm, in der psychotherapeutischen Arbeit mit Trauerkranken immer von Neuem eine Balance zwischen hilfreicher empathischer Identifizierung und unumgänglicher rationaler therapeutischer Distanzierung zu finden. An anderer Stelle (Auchter, 2000a) habe ich das als »fest halten ohne festzuhalten« charakterisiert. Stavros Mentzos (2001, S. 149, kursiv i. O.) fasst seinen Hinweis auf eine »angemessene und konsequente *Abstinenz*« in dem paradoxen Bild zusammen, »den oralen Hunger des Patienten verständnisvoll zur Kenntnis zu nehmen und sogar auch zu benennen, ihn jedoch nicht direkt ›fütternd‹ zu befriedigen« (vgl. auch Green, 1993, S. 229).

Vorrangige Aufgabe des Psychoanalytikers ist es, den (normalen) Trauerprozess so möglich zu machen und zu *begleiten*, dass er zu einem natürlichen Ende kommen kann (Schlesinger, 2001, S. 119). Der Psychotherapeut muss die Fähigkeit besitzen, zu unterscheiden, wann eine bestimmte therapeutische Intervention unumgänglich ist oder wann dieselbe nicht nur überflüssig, sondern sogar schädlich ist und er den Trauerprozess ungehindert ablaufen lassen muss. Wenn der Therapeut aufgrund seiner eigenen Persönlichkeit eine (unbewusste) Schwierigkeit hat, Trauer bei sich und/oder seinen Patienten zu tolerieren, oder wenn er in zu starkem Maße unbewusst mit seinen Patienten identifiziert ist, dann wird es ihm schwerfallen, darauf zu verzichten, »irgendetwas« zu unternehmen, um die Trauer zu unterbinden (ebd., S. 124) und sich selber nicht ohnmächtig fühlen zu müssen.

Die wesentlichste Aufgabe eines Therapeuten im Umgang mit einem Trauernden sieht Erich Lindemann (1979/1985, S. 55) darin, den Patienten dabei zu begleiten, »sich aus der Bindung an den Verstorbenen zu befreien und für sich neue und befriedigende Beziehungsmuster zu finden«. Dazu gehört unumgänglich: »Der Patient muss den Schmerz des Verlassenseins akzeptieren« (Lindemann, 1979/1985, S. 55; Küchenhoff, 2017, S. 56f.). »Die Fähigkeit zu trauern und die Fähigkeit, ein gewisses Maß an Hilflosigkeit zu ertragen und dennoch einen Sinn im Leben zu finden, sind […] Ziele der analytischen Arbeit« (Kogan, 2011, S. 21).

Varianten der Behandlung von Trauerkranken

Neben der in diesem Buch bevorzugten psychodynamischen beziehungsweise psychoanalytischen Trauerbehandlung gibt es je nach Ausrichtung weitere, unterschiedliche Formen psychotherapeutischer Trauerarbeit.

In der aktuellen gesundheitspolitischen Diskussion wird (von interessierter Seite) immer wieder die Auffassung vertreten, Depressionen seien am besten mit *kognitiver Verhaltenstherapie* oder mit *Psychopharmaka* zu behandeln (vgl. Leuzinger-Bohleber, 2005c, S. 16). Diese Auffassung wird damit begründet, dass nur diese Verfahren zu »wissenschaftlich nachgewiesenen Ergebnissen« (ebd.) führten. Eine solche Position ist allerdings nur aufrechtzuerhalten, wenn weiterhin aus wissenschaftsmethodischen Gründen die vielen empirischen Studien der Psychoanalytiker zum Therapieerfolg ignoriert werden – neben der Studie von Marianne Leuzinger-Bohleber und Kollegen (2001) wären zum Beispiel die Stockholmer Psychotherapiestudie (Sandell et al., 2000) oder die Heidelberger Praxisstudie (Rudolf et al., 2001) zu nennen (Leuzinger-Bohleber, 2005b, S. 24ff.; 2006, S. 39).

Im Einzelfall wird man bisweilen bei schwersten Depressionen vorübergehend um eine psychotherapiebegleitende pharmakologische Behandlung oder eine stationäre Einweisung nicht herumkommen, insbesondere bei akuter Selbstgefährdung. Es bleibt allerdings ein »Ziel psychoanalytischer Langzeitbehandlungen, dass ein Depressiver ohne eine Dauermedikation sein Leben meistern kann« (Leuzinger-Bohleber, 2005a, S. 48).

Die Psychologin Birgit Wagner (2013) favorisiert die *kognitive Verhaltenstherapie.* Neben Kapiteln zur Trauerdiagnostik, zu Konzepten normaler Trauer und der Vorstellung von Trauertheorien bietet ihr Buch ein breites verhaltenstherapeutisches Angebot zur Behandlung »komplizierter Trauer«. Zu den von ihr vorgeschlagenen Behandlungstechniken zählen zum Beispiel ein »Trauertagebuch«, die »Leere-Stuhl-Technik«, das Schreiben von Briefen an die Verstorbenen, die Expositionstherapie und die kognitive Umstrukturierung. Ergänzt wird das Ganze durch entsprechend differenzierte Arbeitsblätter. Wer mit solchen Therapiemodulen, Therapietechniken und Arbeitsblättern leichter zurechtkommt als mit einer beziehungsorientierten psychodynamischen Trauertherapie, kann von diesem Ansatz sicher profitieren.

Auch der Trauerforscher Hansjörg Znoj (2004, 2012) macht sich vor allem für die *kognitiv-behaviorale Trauertherapie* stark. Neben den Trauertagebüchern plädiert er für eine »Plan- und Schemaanalyse«. Znoj (2004, S. 51f.) betont den Wert klärungs- und bewältigungsorientierter Methoden, die Ressourcenaktivierung und die Aktivierung von problematischen Bereichen. Daneben weist er gerade im Hinblick auf die häufig im Trauerprozess vernachlässigten Kinder auf die *systemisch orientierte Trauertherapie* hin, die das gesamte Familiensystem in den therapeutischen Blick nimmt (ebd., S. 75). Immerhin erwähnt Znoj (2004, S. 67; 2012, S. 76), dass die »Wirksamkeit psychodynamischer Kurzzeittherapien« belegt sei! Auch wenn er ansonsten aus seiner Ablehnung gegenüber psychoanalytischen Vorgehensweisen keinen Hehl macht. Aus psychoanalytischer Sicht macht schon die Bezeichnung »*kognitive* Verhaltenstherapie« das Problem deutlich, dass wahrscheinlich sowohl die *emotionalen* als auch vor allem die *unbewussten* Dimensionen der Trauererkrankung dort keine hinreichende Beachtung finden.

Vom Gelingen des Trauerns – Therapeutische Begleitung

Da Trauer keine Krankheit ist, bedarf sie der Zeit und des Raumes (und gegebenenfalls der hilfreichen Begleitung), um sich ungestört entfalten und beendet werden zu können und nicht zu einer Trauerkrankheit zu degenerieren. In diesem Sinne spricht John Bowlby (1961) von »heilsamer« Trauer und Karl-Ernst Apfelbacher (2002, S. 5) von »lebensförderlicher« Trauer. »Nimm denn Abschied und gesunde«, formuliert Hermann Hesse (1941/1961) entsprechend in seinem Gedicht *Stufen*. Auch Helene Deutsch (1937, S. 21) betont, dass der Trauerprozess als Reaktion auf einen bedeutsamen Objektverlust »zur Vollendung gebracht werden muss«, damit nicht pathologische Folgen auftreten.

Wege aus der Trauer – Trauern und Trösten

»Am Anfang sucht die Trauer keinen Trost«, schreibt der Psychiater Hubertus Tellenbach (1993, zit. n. van Heyster, 2006, S. 88). Besonders am Beginn eines Trauerprozesses braucht der Trauernde einfach Raum zur Klage (Hinterhuber et al., 2006). »Weinen hat seine Zeit, und Lachen hat seine Zeit. Klagen hat seine Zeit, und Tanzen hat seine Zeit« (Pred 3,4), heißt es schon in der Bibel.

»Trost« im Althochdeutschen, hervorgegangen aus dem germanischen »trausta«, wird mit »seelischer Halt« oder auch »Gewährung von Festigkeit« (Pfeifer et al., 1995, S. 1466; vgl. Kluge & Götze, 1951, S. 808) in Verbindung gebracht. Vermutet werden Verbindungen zwischen »Trost« und »treu« beziehungsweise »trauen« (Kluge, 1999, S. 838).

Wenn wir leiden, wenn wir Schmerzen empfinden, wenn wir traurig sind, dann suchen wir nach Trost. Was kann uns trösten? Je nachdem, um welche Variante der Trauer es sich handelt (akuter Verlust, langfristige Traumatisierung, Vergänglichkeit etc.) und in welcher Phase des Trauerprozesses sich jemand befindet, kann je etwas anderes tröstlich wirken.

Da Trauer meist mit einer Erfahrung einhergeht, dass wir uns ohnmächtig und hilflos erleben, kann schon ein aktives Handeln uns wieder eine Ahnung von Wirkmächtigkeit verschaffen und damit trostreich wirken. Dem können – neben der damit verbundenen Ablenkung – nach dem Tod eines nahestehenden Menschen Aktivitäten wie Vorbereitung und Organisation der Beerdigung, Schreiben von Traueranzeigen und Ähnliches mehr dienen.

Vamik Volkan (1972, 1981) beschreibt als ein Hilfsinstrument zum Trauern, das aber auch pathologisch entgleisen kann, die »linking objects«, meist übersetzt als »Brückenobjekte«. »Diese Objekte […], zumeist Gegenstände des persönlichen Gebrauchs der Verstorbenen, sind hochgradig libidinös besetzt und haben eine ähnliche Funktion in Bezug auf den Verstorbenen wie die von Winnicott beschriebenen Übergangsobjekte hinsichtlich der Mutter« (Charlier, 1987, S. 869). Übergangsobjekte wie Kuscheltiere oder bestimmte weiche Kuscheltücher helfen dem Kleinkind dabei, mit der unvermeidlichen Trauer bei der Trennung von der Mutter oder anderen bedeutsamen Menschen in der Lebensfrühzeit, aber auch später besser fertig zu werden.

Die Entwicklung eines Brückenobjekts vollzieht sich folgendermaßen: Der Trauernde introjiziert zunächst gewöhnlich das verlorene Objekt in sein Selbstsystem und bewahrt es als eine Art Fremdkörper in sich auf.

> »Oft wird das Introjekt [dann wieder] auf ein unbelebtes, nichtmenschliches Objekt außerhalb des Selbstsystems externalisiert. Zum Beispiel nimmt ein Trauernder den elektrischen Rasierapparat seines Vaters kurz nach dessen Tod und rasiert sich damit. Der Gedanke kommt ihm in den Sinn, dass die Barthaare seines Vaters und seine eigenen sich im Rasierapparat treffen und vermengen. Er macht aus dem Rasierapparat ein magisches Objekt [– ein Objekt, das unbewusst eine *Brücke* zum Vater schlägt]« (Volkan & Ast, 1992, S. 48).

Vamik D. Volkan und Gabriele Ast (1992, S. 51) berichten ein anderes Beispiel:

> (1) »Nach dem Tod seiner Frau ließ er [H.] ihren Leichnam verbrennen … Achtzehn Jahre lang, bis zum Ende des ersten Jahres seiner Analyse, behielt er die Asche seiner Frau in dieser Urne. Erst dann trennte er sich in einer religiösen Zeremonie von ihrer Asche. Die Urne mit der Asche war eine Art Brückenobjekt […]. Er hatte eine omnipotente Kontrolle über seine Beziehung« zu ihr.
>
> (2) »Auch im Falle von Frau B. war es zur Ausbildung derartiger ›linking-objects‹ gekommen. Sie schlief während des stationären Klinikaufenthalts ausschließlich auf einem Kopfkissen des verstorbenen Sohnes. Zu Hause verwahrte sie, vor ihrem Mann verborgen, in ihrem Kleiderschrank einen Koffer mit Kleidungsstücken des verstorbenen Sohnes auf. Wenn ihr Mann zur Arbeit gegangen war, holte sie diesen hervor, setzte sich in die Ecke des Schlafzimmers, wo zu Lebzeiten des Kindes dessen Bett gestanden hatte, breitete die Kleidungsstücke um sich herum aus, streichelte sie und roch an ihnen. Dabei fühlte sie sich für kurze Zeit wieder mit ihrem Sohn vereint, um danach ganz besonders heftig unter seiner Nichtanwesenheit zu leiden« (Charlier, 1987, S. 870).

»Brückenobjekte können auch lebende Kinder sein, die im Sinne eines ›replacement-child‹ (Volkan, 1981, S. 321), eines ›Ersatzkindes‹, von ihren Eltern benutzt werden, um sich über den Verlust von nahen Angehörigen hinwegzuhelfen« (Charlier, 1987, S. 870). Nicht selten erhält es dann noch denselben Namen wie der Verstorbene. Häufig werden sie zudem mit einer »idealisierten Vorstellung« vom Verstorbenen konfrontiert, gegen das sie nie eine Chance haben.

> »Überraschend häufig fand ich bei von mir behandelten Patienten, dass diese selbst im Sinne von Brückenobjekten, wie von Volkan beschrieben, von Eltern oder anderen Angehörigen als Ersatz eines Verstorbenen missbraucht wurden. Dadurch verwirrt, waren sie zumeist im Entwurf eines eigenen Lebensplanes stark behindert« (ebd., S. 879; vgl. Küchenhoff, 1991).

Für manche Menschen können auch Jenseitsvorstellungen (wie Himmel, ewiges Leben, Wiedergeburt etc.) eine bedeutsame Tröstungsfunktion übernehmen. Sie sollten therapeutisch respektiert werden. Neben den beschriebenen tröstlichen Umgangsweisen mit der Trauer ist jedoch eine von hervorragender Bedeutung: das Erleben menschlicher *Beziehung(en)*. Trauern ist im Kern etwas zutiefst Individuelles – Trösten hingegen geschieht in Beziehungen (realen oder fantasierten, internalisierten).

Vielen wird das folgende Beispiel bekannt vorkommen: Ein kleines Kind fällt außerhalb der Sichtweite seiner Mutter beim Spielen schmerzhaft hin oder erleidet eine andere Verletzung. Das Kind rennt zu seiner Mutter oder einer anderen bedeutsamen Bezugsperson und (erst) in dem Augenblick, als es sie sieht – und von ihr gesehen wird –, fängt das Kind an zu weinen. Es kann seinem Schmerz in dem Moment Ausdruck verleihen, in dem es der Tröstungsmöglichkeit, dem In-die-Arme-genommen-Werden, der zärtlich-tröstenden Berührung, des beruhigenden Zuspruchs sicher ist. Der Ausdruck der Trauer bedarf eines Resonanzraumes in der Gestalt eines Gegenübers. Wissenschaftlich für den Objektverlust formuliert: »Zusammenfassend betrachtet ist die Transformation der inneren Repräsentanzen des verlorenen Objekts ausnahmslos auf bedeutsame Andere angewiesen« (Hagman, 1996, S. 337). Und: »Die Verfügbarkeit eines optimal responsiven Milieus wirkt als ein förderndes Medium für die Integration der Affekte und die Wiedergutmachung gegenüber dem gekränkten Narzissmus« (ebd., S. 338). Gegebenenfalls wird diese antwortende Begegnung im Rahmen einer Psychotherapie geschehen. Wir Psychotherapeutinnen und -therapeuten sind in diesem Sinne immer auch Tröstende.

Nicht selten erlebe ich, dass sich Patienten in ihrer Psychotherapie darüber beklagen, dass sie als Kinder von der Beerdigung geliebter Menschen, oft sind es die Großeltern, ausgeschlossen wurden und dass nicht oder viel zu wenig mit ihnen über den Tod und die Toten gesprochen wurde. Sie leiden darunter, dass durch dieses (Ver-)Schweigen das Abschiednehmen und ihre Trauerverarbeitung erheblich beeinträchtigt waren.

> Frau W. leidet unter einer entgegengesetzten Erfahrung. In ihrer Kindheit war es in dem Dorf, in dem sie aufwuchs, noch üblich, die Toten öffentlich aufzubahren. Ihre Mutter hatte nun nichts Besseres zu tun, als sich bei jedem Verstorbenen ihre Kinder zu schnappen und mit ihnen den aufgebahrten Leichnam anzusehen. Unter diesem morbiden Verhalten der Mutter litt Frau W., die dies schon als Kind nicht wollte, außerordentlich. Erklärend erwähnt werden muss allerdings dazu, dass diese Mutter nie mit der Totgeburt ihres ersten Kindes – vor meiner Patientin geboren – fertig geworden war! Frau W. erhielt deren Namen und wurde ständig mit ihr, die nur ein paar Tage gelebt hatte, verglichen: »W. hätte …«. Neben ihrer Fähigkeit, sie selbst zu werden, wurde auch die Trauerfähigkeit von Frau W. auf diese Weise stark beeinträchtigt.

Entgegen verbreiteten Vorurteilen empfinden schon kleine Kinder Trauer, auch wenn konkretere Vorstellungen von Sterben und Tod erst später entwickelt werden. Und sie nehmen auch sehr genau die Trauer ihrer Eltern oder von anderen Verwandten wahr, auch wenn diese das noch so sehr vor ihnen zu verbergen trachten. Wenn nicht mit ihnen über das gesprochen wird, was sie spüren, bleibt das Gefühlte unfassbar, kann nicht zugeordnet werden und kann dann in der Folge unerträgliche überwältigende Ängste und Hilflosigkeitsempfindungen auslösen. Gravierende frühkindliche Trennungs- und Verlusterfahrungen stellen Traumatisierungen dar, die sich oft lebenslang auswirken können, besonders wenn sie nicht in einer resonanten Beziehung narrativ und kognitiv eingeordnet werden können, wenn also keine Tröstung erfolgt. Psychotherapeutisch bedeutet das, dass versucht werden kann, die Tröstung nachzuholen, indem die Sprachlosigkeit aufgehoben wird.

Bis etwa zum fünften Lebensjahr haben Kinder noch wenig präzise Zeitvorstellungen. Entsprechend können sich kleine Kinder Endgültigkeit nicht vorstellen. Nicht selten vergleichen Kinder dieses Alters den Tod mit dem Schlafen (Rosemeier, 1984, S. 299). Schon die Griechen betrachteten Schlaf und Tod als Brüder (vgl. Stubbe, 1985, S. 160): »Der Schlaf ist ein kurzer Tod, der Tod ist ein langer Schlaf«, heißt es bei Platon. Auch der Philosoph Arthur Schopenhauer bezeichnete den Schlaf als »kleinen Bruder des Todes«. So bekommen wir jede Nacht eine Ahnung von der ewigen Umnachtung. Erst zu Beginn der Pubertätszeit mit etwa 13 Jahren können Kinder den Tod ähnlich wie Erwachsene mental einordnen.

Richard Hattink, der an der Universität Utrecht das Fach Trauerbegleitung lehrt, hat Bausätze aus Legosteinen mit Szenen rund um das Thema Tod und Beerdigung entwickelt. Sie sollen Kindern auf spielerische Art und Weise das in unseren modernen Gesellschaften zu häufig verdrängte Thema »Tod« näherbringen und sie anregen, sich darüber auszutauschen. Der Lego-Konzern habe sein Projekt »Bestattungslego« anfänglich unterstützt, dann aber die Verwendung des Namens untersagt. Hattink kann diese Kehrtwende nicht nachvollziehen, habe doch Lego eine Figur mit drehbarem Kopf im Angebot, die auf der einen Seite ein weinendes und auf der anderen ein lachendes Gesicht zeige. Hattink meint: »Damit kann man Kindern sehr gut erklären: Das Weinen ist nicht für immer« (zit. n. Rottmann, 2017, S. 28).

Hilfreich und tröstlich in traurigen Situationen während Psychotherapien erlebe ich immer wieder die Verwendung der Metapher vom »halbleeren« und vom »halbvollen Glas«. Wenn es gelingt, die häufig stark einseitige Betrachtung des Verlustes durch eine Sichtweise zu ersetzen, in der sowohl das Negative nicht verleugnet wird als auch das Positive seinen angemessenen Platz findet, wird die Verlusterfahrung oftmals erträglicher.

Der Palliativmediziner Johann-Christoph Student hat ein umfassendes und informatives *Handbuch für Begleitende* (2004) von Sterbenden herausgegeben.

Das »Würdezentrum« im Umfeld des Palliativzentrums Frankfurt bietet etwa einmal im Monat einen Kurs in »Letzter Hilfe« an. Inhalt dieses Kurses ist es, Menschen besser zu befähigen, schwer Erkrankte oder Sterbende an ihrem Lebensende gut zu begleiten und zu umsorgen und mit der Trauer zurechtzukommen.

Zwar ist das Trauern im Kern ein persönlicher Prozess, der allerdings durch ein Aufgehobensein in einer Beziehung oder auch in einem Kollektiv erleichtert werden kann. Darunter rechne ich beispielsweise den (guten) Brauch, dass die Mitgliederversammlungen vieler Gruppen und Vereine mit einem Totengedenken beginnen, das zugleich ein »Memento mori« ist.

Trauerbegleitung

Wenn der Trauervorgang primär im Individuum abläuft, dann ist dem »bedeutsamen Anderen« (Mead) nur eine *Begleitung* des Trauernden möglich. Das gilt auch für uns Psychotherapeuten. Nicht mehr, aber auch nicht weniger. Die hilfreiche Begleitung bedarf einer achtsamen Nähe-Distanz-Regulierung: Sie darf »nicht zu fern, aber auch nicht zu nah sein« (Küchenhoff, 2017, S. 91). Die Trauerbegleitung kann vor, während oder nach einem bedeutsamen Verlust stattfinden. Im Umgang mit einem Trauernden möchte ich zunächst zwischen einer »professionellen Trauerbegleitung« und einer »nichtprofessionellen«, der allgemeinmenschlichen, unterscheiden.

Als Erstes möchte ich einige grundsätzliche Aspekte der Trauerbegleitung erörtern, wie sie auch für den psychotherapeutischen Prozess wichtig sind. Auf dem Trauerweg sind zwei Fähigkeiten gefragt: beim Trauernden die Fähigkeit, sich trösten zu lassen, Tröstung zu suchen, zu finden und anzunehmen, sowie beim Tröstenden die Fähigkeit, sich *wirklich* tröstend zu verhalten. Ich spreche deswegen von einer »Fähigkeit, sich trösten zu lassen«, weil es Menschen gibt, die es zum Beispiel aufgrund wiederholter trostloser Erfahrungen mit ihrer Mitwelt aufgegeben haben, Trost bei anderen zu suchen. Aber nur derjenige kann Trost finden, der zu seiner Trauer steht, sie nicht verleugnet oder verdrängt.

In psychotherapeutischen Sitzungen kann es also manchmal erst einmal darum gehen, neben der Bewusstwerdung der Trauer eine Öffnung für die Möglichkeit des Getröstetwerdens zu ermöglichen. Der Psychotherapeut ist vielleicht die erste Person im Leben des Patienten, die die Trauer zulassen kann und gleichzeitig auch authentischen Trost vermittelt. Erst dadurch lernt der Patient vielleicht, Trost annehmen zu können, ohne sich schwach oder als Schwächling zu erleben, und den tröstlichen Zuspruch als heilsam zu erfahren.

Aber nicht alle Trauernden benötigen Begleitung und Unterstützung anderer auf ihrem individuellen Trauerweg. Und was dem einen eine Hilfe sein kann, ist es für den anderen genau nicht. Allgemeingültige Rezepte für den Umgang mit Trauernden kann es nicht geben!

Die Trauererfahrung versetzt häufig sowohl den Trauernden als auch den Mittrauernden in eine starke Anspannung zwischen einerseits dem Bedürfnis, möglichst viel aussprechen oder sagen zu wollen, und dem Erleben andererseits, keine oder nicht die richtigen Worte zu finden, einer Sprachlosigkeit. »Ich ersticke fast an dem, was ich nicht sagen kann«, meint eine Betroffene (zit. n. Schweiggl, 2005, S. 9). Sicherlich ist es besser, zu schweigen oder seine Unfähigkeit anzusprechen, die richtigen Worte zu finden, als mit nichtssagenden Worten eine solche Schwierigkeit zu kaschieren.

Missglückte Tröstung – Vertrösten

Wenn wir uns mit dem Trost beschäftigen, kommen uns vielleicht schnell Formulierungen wie »falscher Trost«, »billiger Trost« oder »Vertröstung« in den Sinn (vgl. Schröder & Hößler, 1996, S. 121). Natürlich gibt es in jedem Menschen einen Hang zur Täuschung und zur Selbsttäuschung. Kurzfristig mögen solche Verhaltensweisen eine Entlastung bringen oder einen Vorteil versprechen, langfristig können sie allerdings eine äußerst destruktive Wirkung entfalten. Im Menschen gibt es aber auch eine gegenteilige Bestrebung. Sigmund Freud (1901b, S. 247) vermerkte: »Man darf ganz allgemein erstaunt sein, daß der Wahrheitsdrang der Menschen soviel stärker ist, als man ihn für gewöhnlich einschätzt«, sogar unbewusst: »Wessen Lippen schweigen, der schwätzt mit den Fingerspitzen; aus allen Poren dringt ihm der Verrat« (Freud, 1905e 1901, S. 240).

Die »trostlose Trauer« und der oder die Trauernde können beim Gegenüber, auch beim Psychotherapeuten, Ängste auslösen. Die Abwehr dieser Angst kann einen dazu verleiten, den anderen zu vertrösten, um die eigene beängstigende Trauer möglichst schnell und effektiv zu beseitigen. Der falsche Trost hat viele Gesichter. Vertröstung kann zum Beispiel geschehen durch ein »Trostpflaster«.

> Ich erinnere an mich gut an eine Szene bei der Beerdigung meines Großvaters. Ich war damals dreizehn Jahre alt. Die vielleicht gutgemeinte Geste eines älteren Verwandten, der uns

> traurigen Enkeln jedem 50 Pfennig in die Hand drückte, empfand ich schon seinerzeit als völlig unangebracht und eher peinlich. Das war so ein ebenso unbedachter wie deplatzierter Trostbonbon.

Auch unangemessene Worte, wo Schweigen angesagt wäre, oder billige Trostworte stellen Trostsurrogate dar, die Trauerarbeit eher verhindern, als sie zu fördern. »Vertrösten« bedeutet auch, den anderen (in seiner Trauer) nicht ernst zu nehmen und ihn nicht (selbst) sein zu lassen. Ist man nicht gerade ein Masochist, der »aus Leiden Freuden« (Reik, 1940/41/1983) gewinnt, löst die Begegnung mit einem Trauernden neben dem Mitleid immer auch Gefühle der Unsicherheit, löst Fluchtgedanken, Abwehr und Scheu aus. Denn unweigerlich konfrontiert uns eine solche Begegnung mit eigenen unangenehmen, unlustvollen, traurigen, beängstigenden, ohnmächtigen und hilflosen Erfahrungen – und unserer eigenen Vergänglichkeit und Sterblichkeit –, denen wir allzumeist lieber ausweichen wollen. Verlust-, Schmerz- und Leiderfahrungen können deshalb bewusste und unbewusste Abwehrreaktionen nicht nur beim Betroffenen mobilisieren, sondern auch zum Beispiel beim miterlebenden und mitfühlenden Therapeuten. Die Trauerbegleitung setzt eine fortwährende Auseinandersetzung mit solchen Abwehrprozessen und ihre zumindest partielle und passagere Überwindung voraus.

Verbreitete simplifizierende Äußerungen gegenüber Trauernden, wie »Du hast jetzt aber lange genug getrauert«, »Hast Du das denn immer noch nicht überwunden?«, »Du musst jetzt einfach wieder anfangen zu leben«, dienen meist nicht in erster Linie dem Trauernden, sondern der affektiven Regulation des anderen. Womöglich gut gemeinte Ratschläge, wie »Du musst Abstand gewinnen«, »Du musst einfach vergessen«, »Du musst dich ablenken«, »Du musst jetzt nach vorne gucken«, sind häufig mehr motiviert durch die Bedürfnisse der Ratschläger beziehungsweise deren Unfähigkeit, Traurigkeit zu ertragen, als durch empathisches Mitgehen mit dem Trostsuchenden.

In meinen Therapiegruppen mache ich zum Beispiel nicht selten die Erfahrung, dass beim Weinen eines Gruppenmitglieds ein anderes diesem sehr schnell ein bereitliegendes Papiertaschentuch anbietet. Bisweilen gewinnt man dabei den Eindruck, dass dieses schnelle Hinüberreichen den Raum zum Trauern beziehungsweise Weinenden einschränkt und unbewusst signalisiert: »Hör doch bitte auf damit, ich kann das nicht ertragen.« Das wäre eine (szenische) Form von Vertröstung, die auch mehr dem anderen als dem direkt Betroffenen dient.

Trösten erfolgte im Hier und Jetzt, Vertrösten verweist auf eine ungewisse Zukunft. Das Vertrösten hat etwas Illusionäres, ist ein Pseudotrost. Manchmal bleibt einfach nur ein bitterer Trost.

Trauer und Kreativität

Auch die Kreativität kann als eine spezifische Form des Umgehens mit der Trauer verstanden werden (Auchter, 1978). Mittels Identifizierung können wir als Rezipienten beim Betrachten von Bildern, beim Lesen von Büchern oder beim Hören musikalischer Werke (vgl. etwa Schröder & Hößler, 1996; Hirsch, 2006) an der Trauerarbeit von Künstlern (vgl. Auchter, 2003) und anderen Menschen teilhaben. Das kann eine tröstliche Funktion übernehmen. »Der Spur der Schmerzen nachgehen, sage ich zu ihr, ungewappnet, das wäre der Mühe wert. Das wäre des Lebens wert«, vermerkt die Schriftstellerin Christa Wolf in ihrem Buch *Leibhaftig* (2002, S. 184).

Der Psychoanalytiker Hans-Jürgen Wirth betont:

> »Trauer ist die Einsicht in die Unvermeidbarkeit des Scheiterns von Idealen, Hoffnungen und Wünschen. Indem wir die Trauer über das Scheitern zulassen, akzeptieren wir das Scheitern als unvermeidbaren Bestandteil unseres Lebens und eben dieser Prozess bringt wieder die kreative Überwindung des Scheiterns mit sich« (Wirth, 2001, S. 36).

Der erste kreative, schöpferische Akt des Menschen ist das Schaffen eines vom Objekt, von der Mutter getrennten, von ihr unterschiedenen Selbst. Donald W. Winnicott (1988, S. 110) bezeichnet das als die »primäre Kreativität« des Menschen. Das Werden eines hinreichend guten »wahren Selbst« (Winnicott, 1965a; vgl. Auchter, 2006c) umfasst zentral den Verlust der fantasierten Selbst-Vollkommenheit und das Trauern darüber. Das fortwährende »falsche Bewusstsein« (Ricœur, 1965/1969) des Menschen vom eigenen Selbst und vom Objekt bedarf einer ständigen Revision. »Leben als Sterben« fordert ein »Leben als Trauern«. Johann Wolfgang von Goethe (1814) fasst das in seinem Gedicht *Selige Sehnsucht* so: »Und so lang du das nicht hast, dieses: Stirb und Werde! Bist du nur ein trüber Gast auf der dunklen Erde.«

Der Auseinandersetzung mit der Trauer verdankt die Menschheit einige ihrer bedeutendsten Bau- und Kunstwerke. Dazu gehören die monumentalen Grabanlagen wie die Pyramiden, die Mausoleen oder aus jüngerer Zeit zum Beispiel das Taj Mahal. Die Literatur ist voll von Schöpfungen, die durch Trauer angeregt worden sind.

Zentral für den ältesten schriftlich überlieferten Mythos, das Gilgamesch-Epos, ist das Sterben des Freundes von Gilgamesch, Enkidu, und seine untröstliche Trauer um diesen Verlust. Letztlich geht es in diesem Werk um die Anerkennung der fremden und der eigenen Endlichkeit. Auch für die griechischen Tragödien ist Trauer das zentrale Thema (vgl. Apfelbacher, 2002, S. 48). Ein anderes deutsches Wort für die Tragödie ist »Trauerspiel«. Winnicott (1971, S. 50) bezeichnet das Spielen als eine »Grundform des Lebendigseins«: »Auf der Grundlage des Spielens ist die gesamte menschliche Erfahrungswelt aufgebaut« (ebd., S. 64) – und die umfasst auch das Ende des Lebens. »Im Alten Testament kommen bei den Propheten, in den Klageliedern, im Buch Ijob, in den Psalmen Trauer, Schmerz und Klage, vom wortgewaltigen Zornesausbruch bis zum Verstummen, ausführlich zur Sprache« (Apfelbacher, 2002, S. 50).

Ein weiteres Beispiel künstlerischer Auseinandersetzung mit der Trauer ist Alban Bergs Violinkonzert *Dem Andenken eines Engels* (1935), das er nach dem ihn erschütternden Tod der erst 18-jährigen Manon Gropius komponierte, Tochter von Alma Mahler-Werfel und Walter Gropius. Ich erinnere auch an die berührenden Requien verschiedener Komponisten.

Oder denken wir an die *Madonna von Stalingrad*, deren Original heute in Berlin in der Kaiser-Wilhelm-Gedächtnis-Kirche hängt. Der Truppenarzt und evangelische Pastor Kurt Reuber malte sie Weihnachten 1942 im Kessel von Stalingrad als spirituellen Gegenpol zur Not, zum hunderttausendfachen Sterben und zur Trauer der Soldaten, die dort ums Überleben kämpften.

Die »Neuinterpretation« des Orpheus-Mythos durch Eberhard Haas (2002, S. 137ff.) bürstet die Geschichte gewissermaßen gegen den Strich vorausgehender, auch psychoanalytischer Betrachtungen, die das Scheitern der Bemühungen von Orpheus akzentuieren. Nach Haas *musste* Orpheus zurückblicken, um den Tod Eurydikes auch emotional anzunehmen und sich damit von ihr lösen zu können und um schließlich frei von Trauer und Schmerz zu werden.

Wie die Beispiele der Schriftsteller Jean Améry, Paul Celan, Primo Levi und anderer verdeutlichen, hat die kreative Bewältigung nicht zu bewältigender traumatischer Erfahrungen – wie die Shoah – ihre Grenzen.

Unaufdringliche Trauerbegleitung innerhalb und außerhalb der Psychotherapie

Trauerbegleitung bedeutet vor allem, den oder die Trauernde(n) »selbst sein zu lassen«, Zeit und Raum anzubieten. Für eine gelingende Trauerbewältigung ist eine »absolute Nichteinmischung in den Prozess des Trauerns« (Wellendorf, 2009, S. 34) unumgänglich! »Niemals sind wir ungeschützter gegen das Leiden, als wenn wir lieben, niemals hilfloser unglücklich, als wenn wir das geliebte Objekt oder seine Liebe verloren haben« (Freud, 1930a, S. 440f.). Diese gesteigerte emotionale Schutzlosigkeit und Vulnerabilität bedarf des achtsamen und respektvollen Umganges durch die Mitwelt!

Michael Balint (1968/1970, S. 210ff.) hat das Konzept der »Unaufdringlichkeit« für Psychoanalytiker und Psychotherapeuten entwickelt – allerdings lässt es sich unschwer auch auf alle anderen psychosozialen Berufsgruppen und speziell die Trauerbegleitung übertragen.

> »Begleitung bedeutet […] keinesfalls, daß […] die Rolle des Psychoanalytikers unbedeutend oder rein auf sympathisierende Passivität beschränkt ist. Im Gegenteil, seine Gegenwart ist überaus wichtig. Nicht nur muß der Patient fühlen, daß der Analytiker da ist, sondern auch, daß er im richtigen Abstand da ist – nicht so weit entfernt, daß der Patient sich verloren oder

verlassen fühlen muß, noch so nah, daß er sich bedrängt und unfrei fühlt – also in genau dem Abstand, der dem augenblicklichen Bedürfnis des Patienten entspricht« (Balint, 1968/1970, S. 217).

»Das Ziel besteht darin, dem Patienten zu ermöglichen, daß er zu sich selber finden, sich selber annehmen, mit sich zurechtkommen kann, obwohl er weiß, daß er eine Narbe, einen Verlust in sich trägt [...], die aus seinem Leben nicht weganalysiert werden kann« (ebd., S. 218).

Bei allen Überlegungen zum »gesunden Trauern« geht es »zuallererst darum, dem Betreffenden zu erlauben, seinen Schmerz zu spüren und auszudrücken« (Lindemann, 1979/1985, S. 114). »Es ist von entscheidender Bedeutung, daß die Trauer zu ihrer vollen Expression kommt und der Regression, die mit dem Verlust des Liebesobjekts verbunden ist, intellektuell und emotional Raum gegeben wird« (Spiegel, 1973, S. 79). »Trauernde suchen Geborgenheit, suchen Raum zur Klage, brauchen Zeit, brauchen Weggefährt(innen) auf dem Trauerweg« (Schweiggl, 2005, S. 14).

Manche Menschen finden in einer Psychotherapie zum ersten Mal in ihrem Leben einen solchen »Möglichkeitsraum« (Winnicott, 1971) zum Traurigsein. Bisweilen ist eine derartige Erfahrung eine ganz wichtige Hilfe dabei, eine »eingefrorene« oder »versteinerte Trauer« zu lösen und »erstarrte Trauerprozesse in produktive Trauerarbeit umzuwandeln« (Charlier, 1987, S. 879). Wie oft kommen Patienten in meine Praxis, die darüber berichten, dass sie lange Zeit nicht – oder in manchen Fällen noch nie – weinen konnten. Und wie erleichternd erleben sie es, wenn sie im Rahmen ihrer Therapie – vielleicht erstmalig im Leben – einen Raum zum Trauern und zum Weinen finden.

(1) Nach fünfzehn psychoanalytischen Gesprächen, ungefähr einem halben Jahr Therapie, stellt Frau T. fest: »Ich muss jetzt viel öfter und mehr weinen. Bevor ich zu Ihnen kam, fühlte ich mich wie tot, ich hatte große Angst, überhaupt keine Gefühle mehr zu haben, überhaupt nichts mehr empfinden zu können. Mein Weinen jetzt erlebe ich als etwas Befreiendes.«

(2) Nach etwa eineinhalb Jahren einstündiger analytischer Psychotherapie berichtet Frau X. in der ersten Stunde nach einer Therapieunterbrechung von für sie jetzt deutlich spürbaren Effekten der therapeutischen Arbeit, vor allem im Bezug auf eine größere Gelassenheit. Zum wiederholten Male ist ihre Mutter Thema der Sitzung. In der darauffolgenden Sitzung knüpft Frau X. entgegen ihrer sonstigen Gewohnheit, zu Stundenbeginn erst einmal zu schweigen und in sich hineinzuspüren, direkt daran an. Sie sei nur geboren worden, weil die Mutter, außerehelich schwanger, wegen ihrer konservativ-katholischen Einstellung dem Begehren des Mannes nach einer Abtreibung Widerstand geleistet hätte. Frau X. kam dann als »Frühchen« zur Welt (»Du hättest in eine Zigarrenschachtel gepasst«). Zwei Tage nach ihrer Geburt hätte die Mutter wieder in ihrem Lebensmittelgeschäft gearbeitet. Da die Großmutter, die sie später weitgehend versorgte, kein Auto hatte und die Mutter im Laden tätig war, war wohl selten jemand von der Familie auf der Frühchenstation.

Als ich zu Frau X. sage: »Da waren Sie am Beginn Ihres Lebens wohl wochenlang ziemlich alleine«, beginnt sie heftig zu weinen.

»Ich war immer der Überzeugung, meine Mutter wollte mich nicht.«

Ihr sei in diesen Tagen noch eine Erinnerung gekommen: Weil sie ein so schwächliches Kind gewesen sei, wäre sie mit drei oder vier Jahren mehrere Wochen in ein Erholungsheim im Schwarzwald geschickt worden. Das Einzige, was sie erinnere, wäre, dass sie Treppenstufen hinunterspringe und »Mama, Mama« rufe, als sie von ihrer Mutter dort abgeholt worden sei.

Als ich bemerke: »Das war ja vielleicht im Bezug auf ihre körperliche Gesundheit gut gemeint, aber wieder waren Sie als relativ kleines Kind mehrere Wochen allein, ohne Familie«, muss sie erneut heftig weinen. »An diese Erinnerungen habe ich nie wieder gedacht und jetzt tauchen sie plötzlich auf.« Ich ermutige Frau X., sich diesem vernachlässigten und verlassenen inneren Kind zuzuwenden.

Im therapeutischen Beziehungsraum findet auch die grundsätzliche Ambivalenz gegenüber jedem Objekt, auch einem verstorbenen, ihren Ort, um »zu sein«. »Die Beachtung der Ambivalenz mag während späterer Phasen des Trauerprozesses essentiell werden« (Hagman, 1996, S. 332). »Traueraffekte mögen Zorn, Hass, Angst, Vergnügen, Hunger, sexuelle Erregung und anderes umfassen« (ebd., S. 335). »Die Präsenz anderer, die das *ganze Spektrum der Affekte* akzeptieren und ihre Äußerung fördern, hilft beim Containen, der Modulation und Auflösung der Ambivalenz« (ebd., S. 336f.; kursiv von mir). »Nur wo der Verstorbene in seiner vollen Menschlichkeit angenommen und weder glorifiziert noch verurteilt wird, kann er so in der Welt des Hinterbliebenen aufgenommen werden, ohne dass ein Zwang besteht, um seinetwillen die Realität zu verzerren« (Spiegel, 1973, S. 89).

»Trauer muss sein« – nicht nur beim Beendigungsprozess einer Psychotherapie (Auchter, 2006b, S. 109ff.), sondern als ständige Herausforderung einer Realität, deren Weg »mit verlorenen Objekten gesäumt ist« (Ricœur, 1965/1969, S. 281). Deshalb muss auch Zeit und Raum für den Trauerprozess gewährleistet sein – am besten und schönsten, wie gesagt, in einem Beziehungsraum. Einen Trauernden berühren, ergreifen (vgl. Elias, 1982, 46f.), umfassen, Halt geben, all das kann eine tröstende Funktion haben, ist aber *im Letzten kein Trost*! Denn der Verlust ist Realität und kann nicht aus der Welt geschafft werden. »Ich kann deine Einsamkeit nicht von dir nehmen. Aber du sollst wissen, dass ich dir in deiner Trauer nahe bin, soweit das ein Mensch kann«, formuliert der protestantische Theologe Jörg Zink (1985, S. 3).

Wie wird man ein guter Trauerbegleiter (Tröster)?

Wie so viele menschliche Fähigkeiten beruht auch die aktive Fähigkeit zu trösten auf vorausgehenden hinreichenden passiven Erfahrungen, Tröstung durch andere erlebt zu haben. In der Entwicklungspsychologie der sogenannten »Objektbeziehungstheorie« der Psychoanalyse wird ein erstes Stadium beschrieben, in dem der kleine Mensch fast ausschließlich selbstbezogen ist: »Mich soll man lieben, immer überall, auf jede Weise, meinen ganzen Körper, mein ganzes Ich, ohne jegliche Kritik, ohne die kleinste Gegenleistung meinerseits« (Balint, 1965/1966, S. 67). Freud (1914c, S. 154) bezeichnete dieses Entwicklungsstadium leicht missverständlich als »primären Narzissmus«. Missverständlich, weil dieser primäre Narzissmus nur unter der Bedingung einer ihn ermöglichenden Beziehung existieren kann. »Etwas wie ein Baby gibt es gar nicht […]. Man sieht [immer nur] ein ›Pflege-Paar‹« (Winnicott, 1958, S. 99, eigene Übers.). Übrigens gibt es von Michael Balint, und zwar ohne Bezugnahme auf Winnicott, 1956 eine fast gleichlautende Formulierung: »daß es so etwas wie ein Kind an und für sich, d. h. ohne Mutter oder erwachsene Pflegeperson, nicht gibt« (Balint, 1956/1991, S. 180). Er bezeichnet deshalb das Anfangsstadium des Menschen meines Erachtens treffender als Freud mit: »primäre Liebe« (Balint, 1965/1966).

Winnicott (1958, S. 154; 1965b, S. 26) radikalisiert die Perspektive der anfänglichen Selbstbezogenheit, indem er für das Neugeborene einen unbewussten Frühzustand vollkommener Rücksichtslosigkeit, Erbarmungslosigkeit oder Unbarmherzigkeit postuliert. Erst die bewusste Entdeckung des Du, des Objekts, durch hinreichend gute Beziehungserfahrungen (und die Trennung bzw. der Verlust der ursprünglichen Selbst-Objekt-Ununterschiedenheit) führt dann in das zweite Stadium, in dem die *Einseitigkeit* zunehmend durch *Zweiseitigkeit* und *Wechselseitigkeit* ergänzt werden kann. Winnicott (1965a, S. 73ff.) bezeichnet dieses als das Stadium der »Fähigkeit zur Besorgnis« oder »Fähigkeit zum Erbarmen«. »Besorgnis meint die Tatsache, daß jemand sich kümmert, achtgibt« (eigene Übers.) oder »daß ihm etwas ›etwas ausmacht‹« (ebd., S. 73; Übers. zit. n. Winnicott, 1974, S. 93). Diese »Fähigkeit zur Besorgnis« ist die grundlegende Voraussetzung zur Anteilnahme und zum »Mit-Leid«. Hinzu kommt eine gewisse Fähigkeit zur Einfühlung. »*Em*pathie« ist die Vorbedingung für »*Sym*pathie« und zum »Mit-Leiden«. Und das alles begründet die Fähigkeit zu trösten.

Wirkliche Tröstung zu spenden ist eine höchst anspruchsvolle, vielleicht »unmögliche« Aufgabe – in dem Sinne, in dem nach Freud (1937c, S. 94; 1925f, S. 565) auch das Erziehen, das Politikbetreiben und das Analysieren »unmöglich« sind.

Alle Tröstenden und auch der Psychotherapeut bedürfen vor allem der Tugend der Geduld und der Selbstbeherrschung. Um dem Betroffenen einen Trauerraum zu eröffnen, müssen sie sich selbst zurücknehmen können, müssen warten, zuhören und gegebenenfalls schweigen können. Sie müssen aber auch in der Lage sein, im richtigen Moment die richtigen Worte zu finden. »Mittels der Worte empfängt die Erfahrung des Trauernden Struktur und wird durch den Dialog transformiert« (Hagman, 1996, S. 336).

Der Tröster sollte »da-sein«, wenn er gebraucht wird, aber dem Trauernden auch Raum zum Rückzug lassen, wenn der ihn benötigt. Bei der Begleitung eines Trauernden muss die adäquate Nähe-Distanz-Regulation empathisch ständig neu austariert werden.

»Trauer muss sein« – Trauer im Beendigungsprozess einer Psychotherapie

Wie alles Menschliche hat auch jede Psychoanalyse und Psychotherapie Grenzen und ein Ende, obgleich unser Unbewusstes davon überzeugt bleibt, dass Grenzenlosigkeit und Unendlichkeit (Freud, 1915b, S. 341) zu verwirklichen seien. Zeitlosigkeit ist ja geradezu ein Charakteristikum des Unbewussten (Freud, 1900a, S. 54 FN; 1901b, S. 305 FN; 1913c, S. 462).

Unter einer bestimmten Perspektive lässt sich jeder psychoanalytische oder psychotherapeutische Prozess als »Trauerarbeit« betrachten, denn lebensgeschichtlich ungelöste und unbewältigte Krisen und Konflikte, die die gegenwärtige Lebenswirklichkeit beeinträchtigen und einschränken, können im therapeutischen Prozess und der therapeutischen Beziehung (Übertragung) vergegenwärtigt, einer Nachbearbeitung unterzogen und »betrauert« werden, um damit neue Lebensfreiräume zu eröffnen.

Eine psychotherapeutische Behandlung ist im Normalfall endlich, psychoanalytische beziehungsweise selbstanalytische Prozesse sind tendenziell unendlich (Freud, 1937c), und zwar in dem Sinne, dass sie nicht aufhören, solange ein Mensch lebendig ist. Wolfgang Mertens (1991, S. 230) vermerkt, »daß eine Analyse nicht mit der Trennung von Analytiker und Analysand zu Ende ist. Zu Ende ist lediglich die reale Beziehung, nicht der psychoanalytische Prozess.«

Das Akzeptieren der prinzipiellen Begrenztheit psychoanalytischen Bemühens durch den Analytiker, die »Bescheidung auf das Erreichbare« (Ferenczi, 1925/1964, S. 292; vgl. Bruns, 2003, S. 17) hat zugleich eine beispielgebende Funktion für den Patienten (Ruffler, 1958, S. 110, 231; Zetzel, 1970/1974, S. 270, 288). Natürlich ist der Verzicht auf Omnipotenzfantasien und das Offenlassenkönnen von Entwicklungen unvermeidlich mit einer gewissen narzisstischen Beeinträchtigung oder Kränkung verbunden (Berenstein, 1987, S. 25, 28), die sowohl vom Patienten als auch vom Analytiker ausgehalten werden muss. Das Annehmen der narzisstischen Versehrtheit, der prinzipiellen Unvollkommenheit, mit anderen Worten der Verzicht auf narzisstische Perfektion, eröffnet aber zugleich die Chance zu einer lebendigen Weiterentwicklung, die in unaufhörlicher Bewegung und Veränderung besteht. Insofern bleibt jede Analyse immer Stückwerk, ist nur für diesen Moment beendet, kann aber niemals vollendet sein. »Jedes Analysenende bedeutet für den Analytiker [...], einen Frieden mit dem Unvollkommenen zu finden« (Bruns, 2003, S. 17).

Eine »negative therapeutische Reaktion« des Patienten kann auch dadurch motiviert sein, dass jeder therapeutische »Fort-Schritt« zugleich ein Schritt hin auf das Ende der Therapie ist und dieses Ende – unvermeidlich verbunden mit Trauer – unbewusst vermieden werden soll (vgl. Schlesinger, 2001, S. 131).

Jedes Ende wird ambivalent erlebt, aktualisiert den Trennungskonflikt zwischen Trennungswunsch und Trennungsangst (Rieber-Hunscha, 1996, S. 207). Das Auseinandergehen am Therapieende ist ebenso mit Trauer und Schmerz über den Verlust verbunden wie mit der Freude über und dem Stolz auf das Gemeisterte und Erreichte, angesichts von Befreiung und Herrschaft über sich selbst (Kanzer, zit. n. Robbins, 1975, S. 172; Ticho, 1972, S. 325; Novick, 1982, S. 347; Loewald, 1980, S. 255), sowie Neugier auf bislang unerfahrene Befriedigungs- und Sublimationsmöglichkeiten. »Weiterkommen im Individuationsprozess bedeutet auch, Einsamkeit und Verletzlichkeit zu erfahren, ebenso aber den Reichtum und die Freiheit einer personalen Existenz« (Loewald, 1988, S. 161), Trennung und Neubeginn (Balint, 1965/1966, S. 230) – für beide am Therapieprozess Beteiligte.

Im Beendigungsprozess einer Psychoanalyse oder Psychotherapie (vgl. Auchter, 2006b) wird sowohl antizipatorische Trauer als auch nachholende Trauer wirksam. Die prinzipielle Unvollständigkeit des Trennungsprozesses im Rahmen der zu Ende gehenden Psychotherapie bedarf in aller Regel einer persönlichen »Nachbearbeitung«, die sich über einen kürzeren oder längeren Zeitraum nach dem definitiven Auseinandergehen von Patient und Therapeut erstrecken kann.

> Frau U. schreibt mir zwei Jahre nach der Beendigung ihrer über sechsjährigen analytischen Psychotherapie: »Jetzt ist der richtige Augenblick, mich noch einmal bei Ihnen zu melden. Stolz kann ich heute von mir behaupten, dass ich es geschafft habe. Ich habe Boden unter meinen Füßen gefunden. Sie waren auf diesem langen, oft mühsamen, teils sehr schwierigen Weg ein verlässlicher und unbestechlicher Begleiter und zur Stelle, wenn die Not groß war. Danke dafür.«

Weil es so schmerzlich ist, versuchen wir häufig, das Abschiednehmen zu umgehen, soweit es geht. Und uns wird vielleicht erst klar, was uns entgangen ist, wenn es zu spät ist, wenn nichts mehr »geht«. Der Widerstand richtet sich gegen den Schmerz der Trennungserfahrung und die Abwehr gegen die Angst vor der Verlusterfahrung.

Die Trennung ist aber geradezu ein Charakteristikum jeder Psychotherapie und damit ein Abbild des Lebens überhaupt. »Die eigenartige Situation des Psychoanalytikers bedingt, dass sein professioneller Erfolg regelmäßig im Objektverlust besteht« (Leupold-Löwenthal, 1981, S. 200). Insofern kann die Endphase einer Psychoanalyse als ein »sich lange hinziehendes Abschiednehmen beschrieben werden« (ebd., S. 249). Ich halte eine Trauerarbeit über das Analysenende sowohl für einen gesunden Trennungsprozess (vgl. Shane & Shane, 1984, S. 739) als auch für das Unabhängigwerden des Patienten (Blum, 1989, S. 290) für unumgänglich.

Dabei erhebt sich die Frage, wovon muss sich getrennt werden und was muss betrauert werden? Ich möchte mindestens drei Bereiche der therapeutischen Beziehung unterscheiden. Erstens die Ebene der *Übertragungs-Gegenübertragungs-Beziehung*, der psychischen Realität oder Fantasie, zweitens die Ebene der *Arbeitsbeziehung*, das sogenannte Arbeitsbündnis, und drittens die Ebene der *Realbeziehung*. Letztere umfasst nicht nur das Arbeitsbündnis, sondern stellt insbesondere für Patienten mit Frühstörungen, für Traumatisierte oder für Borderline-Patienten eine reale, neue Objekt- und Beziehungserfahrung dar (vgl. Schachter, 1992, S. 138, S. 146; Blum, 1989, S. 291; Ticho, 1971, S. 49; Bacal, 1998). Nach Auffassung von Harold Blum (1989, S. 291) ist Trauerarbeit sowohl hinsichtlich des Verlusts des Übertragungsobjekts zu leisten als auch dieses realen Objekts (»analyzing object«) (vgl. DeBell in Robbins, 1975, S. 169; Firestein in Robbins, 1975, S. 175f.), das aus der einzigartigen Intimität der analytischen Situation, der tatsächlich entstandenen Beziehung zwischen beiden erwachsen ist (Ticho, 1971, S. 49). Und in diesem Sinne wirft Hans Loewald (1988, S. 156) die Frage auf: »Bis zu welchem Ausmaß ist die Beendigung analysierbar?« (vgl. Klauber, 1980, S. 79).

Für den Psychoanalytiker bedeutet jedes Therapieende eine ähnliche Herausforderung wie für den Patienten und fordert von ihm gleichfalls Trauerarbeit (Weigert, 1952, S. 478; Menninger, 1982, S. 169; Dewald, 1982, S. 448). »Gewöhnlich geht der Patient zwar glücklich, aber mit Tränen in den Augen aus der letzten Stunde, und ich muss zugeben, dass sich der Analytiker in einer ähnlichen Gemütsverfassung befindet«, vermerkt Michael Balint (1965/1966, S. 274). Judith Viorst (1982) hat in einer Studie zwanzig Psychoanalytiker und Psychoanalytikerinnen auf ihre Verlusterfahrungen am Ende von Analysen befragt und dabei ein äußerst vielfältiges Spektrum an Reaktionen aufgespürt. Die Trennungserfahrung kann beispielsweise alte, ungelöste eigene Trauerkonflikte im Analytiker mobilisieren, die sich hindernd auf den Bewältigungsprozess des Patienten auswirken, ihn aber ebenso zu einem produktiven Durcharbeiten von unbewältigten eigenen Verlusterfahrungen anregen können, was wiederum den Patienten zugutekommt (Viorst, 1982, S. 416f.).

Der Trennungsprozess aus einer Psychotherapie ist besonders schwierig für jene Menschen, die zuvor in ihrem Leben traumatischen Trennungserfahrungen ausgesetzt waren. Bei diesen seinerzeit oftmals plötzlichen und unerwarteten Verlusterfahrungen war zumeist weder eine innere Vorbereitung auf die Trennung noch eine nachfolgende Trauerarbeit möglich. Ihnen bietet die bewusste Auseinandersetzung mit dem Therapieende (vgl. Loewald, 1986, S. 250) und das längere Durcharbeiten des Beendigungsprozesses im Rahmen ihrer Psychotherapie die Möglichkeit zu einer korrigierenden neuen Erfahrung. Schon John Rickman (1950, S. 200) rechnet die »Fähigkeit zu trauern« zu den bedeutsamen Beendigungskriterien einer Psychotherapie.

»Trauer muss sein«, und zwar um der psychischen, psychosomatischen und psychosozialen Gesundheit willen! Aber, um es am

Ende noch einmal pointiert, provokativ und paradox zu formulieren:

Es gibt keinen (endgültigen) Trost! Angst, Leid, Trauer und Tod lassen sich nicht – oder nur mit Gewalt – aus dem Leben eliminieren. Allerhöchstens erfahren wir hin und wieder etwas hinreichend Tröstliches in Beziehungen. Und das ermöglicht es uns, die Trauer zu ertragen und die Trostlosigkeit auszuhalten.

Literatur

Abraham, K. (1912/1971). Ansätze zur Erforschung und Behandlung des manisch–depressiven Irreseins und verwandter Zustände. In ders., *Psychoanalytische Studien II* (S. 146–162). Frankfurt a. M.: Fischer.

Abraham, K. (1916/1971). Untersuchungen über die früheste prägenitale Entwicklungsstufe der Libido. In ders., *Psychoanalytische Studien II* (S. 3–31). Frankfurt a. M.: Fischer.

Abraham, K. (1924/1969). Versuch einer Entwicklungsgeschichte der Libido auf der Grundlage der Psychoanalyse seelischer Störungen. In ders., *Psychoanalytische Studien zur Charakterbildung und andere Schriften* (S. 113–183). Frankfurt a. M.: Fischer.

Abraham, N. & Torok, M. (2001). Trauer *oder* Melancholie. Introjizieren – inkorporieren. *Psyche – Z Psychoanal.*, *55*(6), 545–559.

Abram, J. (1996). *The Language of WINNICOTT. A Dictionary of Winnicott's Use of Words.* London: Karnac.

Akhtar, S. (Hrsg.). (2001). *Three faces of mourning. Melancholia, Manic Defense, and moving on.* Northvale: Jason Aronson.

Albus, M. (2015). *Alles ist Übergang. Leben auf einer Palliativstation.* Kevelaer: Butzon & Bercker.

Améry, J. (1966/1988). *Jenseits von Schuld und Sühne. Bewältigungsversuche eines Überwältigten.* München: dtv.

Apfelbacher, K.-E. (2002). *Selig die Trauernden. Kulturgeschichtliche Aspekte des Christentums.* Regensburg: Verlag Friedrich Pustet.

Aries, P. (1975/1981). *Studien zur Geschichte des Todes im Abendland.* München: dtv.

Auchter, T. (1978). Die Suche nach dem Vorgestern. Trauer und Kreativität. *Psyche – Z Psychoanal.*, *32*(1), 52–77.

Auchter, T. (1982). Psychoanalyse im Übergang. Bericht über eine einjährige analytische Psychotherapie mit einer depressiven Spätadoleszenten. In Krejci, E. & Bohleber, W. (Hrsg.), *Spätadoleszente Konflikte* (S. 150–183). Göttingen: Vandenhoeck & Ruprecht.

Auchter, T. (1983). Struktur und Liebe. Voraussetzungen psychoanalytischer Psychotherapie. *Wege zum Menschen*, *35*, 462–478.

Auchter, T. (1995). Über das Auftauen eingefrorener Lebensprozesse. Winnicotts Konzepte der Behandlung schwerer seelischer Erkrankungen. *Forum der Psychoanalyse*, *11*, 62–83.

Auchter, T. (1996). Jenseits des Versöhnungsprinzips – Zu den Grenzen des Erinnerns. *Universitas*, *52*, 230–240.

Auchter, T. (2000a). Fest halten ohne festzuhalten. In Schlösser, A.-M. & Höhfeld, K. (Hrsg.), *Psychoanalyse als Beruf* (S. 385–400). Gießen: Psychosozial-Verlag.

Auchter, T. (2000b). Grundstörung. In Mertens, W. & Waldvogel, B. (Hrsg.), *Handbuch psychoanalytischer Grundbegriffe* (S. 258–263). Stuttgart: Kohlhammer.

Auchter, T. (2001a). Erinnerung – Über den schwierigen Weg, sich der eigenen Vergangenheit anzunähern. *Freie Assoziation*, *4*, 209–228.

Auchter, T. (2001b). Über das Beendigen von Psychoanalysen. Trauer und Kreativität. In Schlösser, A.-M. & Gerlach, A. (Hrsg.), *Kreativität und Scheitern* (S. 397–412). Gießen: Psychosozial-Verlag.

Auchter, T. (2002a). Ein Ende ist ein Ende ist ein Ende – und auch wieder keines. Zur Psychoanalyse der endlichen unendlichen Psychoanalyse. In Diederichs, P. (Hrsg.), *Die Beendigung von Psychoanalysen* (S. 92–113). Göttingen: Vandenhoeck & Ruprecht.

Auchter, T. (2002b). Über das Auftauen eingefrorener Lebensprozesse. Zur Relevanz der psychoanalytischen Konzepte von D. W. Winnicott für die Psychotherapie und die Soziotherapie. In Eggebrecht, F. & Pehl, T. (Hrsg.), *Chaos und Beziehung* (S. 21–51). Tübingen: edition diskord.

Auchter, T. (2003). »Das Wüten der ganzen Welt«. Aspekte des Trauerns im Werk des niederländischen Autors Maarten t'Hart. In Mauser, W. & Pfeiffer, J. (Hrsg.), *Trauer. Jahrbuch für Literatur und Psychoanalyse*, *22* (S. 273–294). Würzburg: Königshausen und Neumann.

Auchter, T. (2004a). »Solange der Mensch leidet, kann er es noch zu etwas bringen«. Gewalt, Destruktivität und Kreativität. *Gruppenanalyse*, *14*, 5–19.

Auchter, T. (2004b). Die Fähigkeit zu erinnern und die Unfähigkeit zu erinnern. Eine psychoanalytische Perspektive. In Auchter, T. & Schlagheck, M. (Hrsg.), *Theologie & Psychologie im Dialog über Erinnern und Vergessen* (S. 113–160). Paderborn: Bonifatius Verlag.

Auchter, T. (2004c). Zur Psychoanalyse des Möglichkeitsraumes »Potential Space«. *Freie Assoziation*, *7*, 37–58.

Auchter, T. (2006a). »Das Gelächter ist der Hoffnung letzte Waffe« (H. Cox). Psychoanalytische und anthropologische Aspekte von Lachen, Humor, Komischem und Witz. In Mauser, W. & Pfeiffer, J. (Hrsg.), *Lachen. Jahrbuch für Literatur und Psychoanalyse*, *25* (S. 29–55). Würzburg: Königshausen und Neumann.

Auchter, T. (2006b). Ein Ende ist ein Ende ist ein Ende – und auch wieder keines! Zur Paradoxie der endlichen unendlichen Analyse. In Diederichs, P. (Hrsg.), *Die Beendigung von Psychoanalysen und Psychotherapien* (S. 109–136). Gießen: Psychosozial-Verlag.

Auchter, T. (2006c). Konzepte des »Selbst« in der Psychoanalyse von Donald W. Winnicott. *Selbstpsychologie*, *24*, 115–139.

Auchter, T. (2009). Trauma und Psychoanalyse. www.psychoanalyse-aktuell.de (30.04.2018).

Auchter, T. (2010). La vita è bella. In Wollnik, S. & Ziob, B. (Hrsg.), *Trauma im Film. Psychoanalytische Erkundungen* (S. 211–222). Gießen: Psychosozial-Verlag.

Auchter, T. (2012). Die Gruppe und der Tod. Trauer und Kreativität am Ende einer Gruppentherapie. In Psychoanalytische Arbeitsgemeinschaft Köln-Düsseldorf e.V. (Hrsg.), *Psychoanalyse und ihre Anwendung, 14* (S. 158–187). Köln: Selbstverlag.

Auchter, T. (2017a). »Stark wie Löwenzahn« – Anmerkungen zum Film: »Marias letzte Reise«. In Strauss, B. & Philipp, S. (Hrsg.), *Wilde Erdbeeren auf Wolke Neun. Ältere Menschen im Film* (S. 349–362). Berlin: Springer.

Auchter, T. (2017b). »Hey Alter, was guckst Du?« Zur Psychoanalyse von Adoleszenz und Gewalt. In Traxl, B. (Hrsg.), *Aggression, Gewalt und Radikalisierung* (S. 43–72). Frankfurt a. M.: Brandes & Apsel.

Auchter, T. & Strauss, L.V. (1999). *Kleines Wörterbuch der Psychoanalyse.* Göttingen: Vandenhoeck & Ruprecht.

Bacal, H.A. (Hrsg.). (1998). *How Therapists Heal Their Patients.* Nothvale/London: Jason Aronson.

Balint, M. (1956/1991). Lust, Objekt und Libido. Einige Überlegungen zu Fairbains Modifikationen der psychoanalytischen Theorie. *Zeitschrift für psychoanalytische Theorie & Praxis, VI*, 175–183.

Balint, M. (1965/1966). *Die Urformen der Liebe und die Technik der Psychoanalyse.* Stuttgart: Klett.

Balint, M. (1968/1970). *Therapeutische Aspekte der Regression. Die Theorie der Grundstörung.* Stuttgart: Klett.

Barthes, R. (2010). *Tagebuch der Trauer.* München: Hanser.

Bausewein, C. (2015). *Sterben ohne Angst. Was Palliativmedizin leisten kann.* München: Kösel.

Becker, H. & Nedelmann, C. (1980). Zwischen Begrenzung und Öffnung – Psychoanalyse als Beruf. In Jappe, G. & Nedelmann, C. (Hrsg.), *Zur Psychoanalyse der Objektbeziehungen* (S. 113–138). Stuttgart/Bad Canstatt: frommann–holzboog.

Berenstein, I. (1987). Analysis terminable and interminable, fifty years on. *International Journal Psycho-Analysis, 68*, 21–35.

Beres, D. (1970). Symbol und Objekt. *Psyche – Z Psychoanal., 24*(12), 921–941.

Berger, H. (2006). Psychiatrische Aspekte der Depression. In Willenberg, H. & Schmidt, M. (Hrsg.), *Die vielen Gesichter der Depression. Trauer und Melancholie. Tagungsband der DPV–Frühjahrstagung* (S. 163–169). Frankfurt a. M.: Selbstverlag.

Beutel, M. (2000). Trauer. In Mertens, W & Waldvogel, B. (Hrsg.). *Handbuch psychoanalytischer Grundbegriffe* (S. 717–721). Stuttgart: Kohlhammer.

Beutel, M. (2006). Trauer und Depression. Aktuelle neurobiologische und therapeutische Zugangswege. In Willenberg, H. & Schmidt, M. (Hrsg.), *Die vielen Gesichter der Depression. Trauer und Melancholie. Tagungsband der DPV–Frühjahrstagung* (S. 26–42). Frankfurt a. M.: Selbstverlag.

Beutel, M. (2014). Trauer, Trauerarbeit. In Mertens, W. (Hrsg.), *Handbuch psychoanalytischer Grundbegriffe* (4. Aufl.; S. 949–954). Stuttgart: Kohlhammer.

Beutel, M. & Weiner, H. (1993). Trauer und Depression nach einem Objektverlust. *Forum Psychoanalyse*, *9*, 224–239.

Bibring, E. (1952). Das Problem der Depression. *Psyche – Z Psychoanal.*, *6*(2), 81–101.

Bickel, M (1998). *Alles hat seine Zeit. Gedichte*. Augsburg: Pattloch.

Bion, W.R. (1963). Eine Theorie des Denkens. *Psyche – Z Psychoanal.*, *17*(7), 426–435.

Blatt, S., Luyten, P. & Corveleyn, J. (2005). Zur Entwicklung eines dynamischen Interaktionsmodells der Depression und ihrer Behandlung. *Psyche – Z Psychoanal.*, *59*(9), 864–891.

Bleichmar, H. (1996). Some subtypes of depression and their implications for psychoanalytic treatment. *International Journal Psycho-Analysis*, *77*, 935–961.

Bleichmar, H. (2010a). Rethinking Pathological Mourning: Multiple Types and Therapeutic Approaches. *Psychoanalytic Quarterly*, *79*, 71–93.

Bleichmar, H. (2010b). Pathological mourning: Subtypes and the need for specific therapeutic interventions. *International Forum of Psychoanalysis*, *19*, 204–209.

Blum, H.P. (1989). The concept of termination and the evolution of psychoanalytic thought. *J. Amer. Psychoanal. Assn.*, *37*, 275–295.

Böker, H. (Hrsg.). (2001a). *Depression, Manie und schizoaffektive Psychosen*. Gießen: Psychosozial-Verlag.

Böker, H. (2001b). Psychodynamik der Depression und Manie. In ders. (Hrsg.), *Depression, Manie und schizoaffektive Psychosen* (S. 14–85). Gießen: Psychosozial-Verlag.

Böker, H. (2006). Depression als Psychosomatosen der Stimmungs-Antriebssysteme. In Willenberg, H. & Schmidt, M. (Hrsg.), *Die vielen Gesichter der Depression. Trauer und Melancholie. Tagungsband der DPV-Frühjahrstagung* (S. 43–55). Frankfurt a.M.: Selbstverlag.

Bohleber, W. (2000). Die Entwicklung der Traumatheorie in der Psychoanalyse. *Psyche – Z Psychoanal.*, *54*(9), 797–839.

Bohleber, W. (2005). Zur Psychoanalyse der Depression. Erscheinungsformen – Behandlung – Erklärungsansätze. *Psyche – Z Psychoanal.*, *59*(9–10), 781–788.

Boothe, B. & Frick, E. (2017). *Spiritual Care. Über das Leben und Sterben*. Zürich: Orell Füssli.

Bowlby, J. (1961). Processes of mourning. *International Journal Psycho-Analysis*, *42*, 317–340.

Bowlby, J. (1980/1983). *Verlust, Trauer und Depression*. Frankfurt a.M.: Fischer.

Bruns, G. (1991). Die Fähigkeit zum Abschied. Frühkindliche Separation als Modell der Überwindung von Trauer, Depression und Psychose. *Jahrbuch der Psychoanalyse*, *28*, 71–105.

Bruns, G. (2003). Die Beendigung der psychoanalytischen Behandlung. Einführende Bemerkungen. In Gutwinski-Jeggle, J., Schaivogel, P. & Walker, C.E. (Hrsg.), *Der Analytiker im psychoanalytischen Prozess. Gegenübertragung und Beendigung der Behandlung. Ta-*

gungsband der DPV-Frühjahrstagung (S. 13–18). Stuttgart: Selbstverlag.

Bruns, G. (2005). Zweifeln am Dasein. Aus der Behandlung eines depressiven Patienten. *Psyche – Z Psychoanal.*, *59*(9–10), 816–842.

Busch, H.-J. (2005). Spätmoderne Gesellschaft und Depression. In Hau, S., Busch, H.-J. & Deserno, H. (Hrsg.), *Depression zwischen Lebensgefühl und Krankheit* (S. 195–213). Göttingen: Vandenhoeck & Ruprecht.

Camus, A. (1951). *Der Mensch in der Revolte.* Reinbek: Rowohlt.

Canacakis, J. (1987). *Ich sehe deine Tränen. Trauern, Klagen, Leben können.* Stuttgart: Kreuz.

Carlyle, J.-A. (2005). Die psychoanalytische Behandlung depressiver Patienten. In Leuzinger-Bohleber, M., Hau, S. & Deserno, H. (Hrsg.), *Depression – Pluralismus in Praxis und Forschung* (S. 62–81). Göttingen: Vandenhoeck & Ruprecht.

Caruso, I. A. (1968). *Die Trennung der Liebenden. Eine Phänomenologie des Todes.* Bern/Stuttgart: Huber.

Cave, S. (2012). *Unsterblich. Die Sehnsucht nach dem ewigen Leben als Triebkraft unserer Zivilisation.* Frankfurt a. M.: Fischer.

Charlier, T. (1987). Über pathologische Trauer. *Psyche – Z Psychoanal.*, *41*(10), 865–882.

Condrau, G. (1980). Sterben. In Böckle, F., Kaufmann, F.-X., Rahner, K. & Welte, B. (Hrsg.), *Christlicher Glaube in moderner Gesellschaft, Teilbd. 10.* Freiburg: Herder.

Conrad, S. (2013). *Sterben für Anfänger. Wie wir den Umgang mit dem Tod neu lernen können.* Berlin: Ullstein.

Cox, H. (1972). *Das Fest der Narren. Das Gelächter ist der Hoffnung letzte Waffe.* Stuttgart/Berlin: Kreuz.

Cremerius, J. (1983). Freuds Sterben – Die Identität von Denken, Leben und Sterben. *Z. Psychotherapie und medizinische Psychologie*, *33*, 163–166.

Critchley, S. (2002/2004). *Über Humor.* Wien: Turia + Kant.

Deutsch, H. (1937). Absence of grief. *The Psychoanalytic Quarterly*, *6*, 12–22.

Dewald, P. A. (1982). The clinical importance of the termination phase. *Psychoanal. Inq.*, *2*, 441–446.

Dirschauer, M. (1996). *Melancholie des Heils. Zur therapeutischen Zeugenschaft Sigmund Freuds.* Gießen: Psychosozial-Verlag.

Dornes, M. (2006). Kinder depressiver Eltern. In Willenberg, H. & Schmidt, M. (Hrsg.), *Die vielen Gesichter der Depression. Trauer und Melancholie. Tagungsband der DPV-Frühjahrstagung* (S. 73–93). Frankfurt a. M.: Selbstverlag.

Drever, J. & Fröhlich, W. D. (1968). *Wörterbuch zur Psychologie.* München: dtv.

Ehrenberg, A. (2004). *Das erschöpfte Selbst. Depression und Gesellschaft in der Gegenwart.* Frankfurt a. M./New York: Campus.

Eicke-Spengler, M. (1977a). *Depression. Arbeitspapier zur Psychoanalyse 2.* Zürich: Psychoanalytisches Seminar Zürich.

Eicke-Spengler, M. (1977b). Zur Entwicklung der psychoanalytischen Theorie der Depression. *Psyche – Z Psychoanal.*, *31*(12), 1079–1125.

Elias, N. (1977a). *Über den Prozess der Zivilisation. Erster Band.* Frankfurt a. M.: Suhrkamp.

Elias, N. (1977b). *Über den Prozess der Zivilisation. Zweiter Band.* Frankfurt a. M.: Suhrkamp.

Elias, N. (1982). *Über die Einsamkeit der Sterbenden.* Frankfurt a. M.: Suhrkamp.

Erikson, E. H. (1950/1982). *Kindheit und Gesellschaft.* Stuttgart: Klett.

Erikson, E. H. (1959/1970). *Identität und Lebenszyklus.* Frankfurt a. M.: Suhrkamp.

Erikson, E. H. (1964/1966). *Einsicht und Verantwortung. Die Rolle des Ethischen in der Psychoanalyse.* Stuttgart: Klett.

Erikson, E. H. (1968). Die Ontogenese der Ritualisierung. *Psyche – Z Psychoanal.*, *22*(7), S. 481–502.

Fenichel, O. (1945). *The Psychoanalytic Theory of Neurosis.* New York: Norton & Company.

Ferenczi, S. (1912/1964). Zur Begriffsbestimmung der Introjektion. In ders., *Bausteine der Psychoanalyse. Band 1: Theorie* (S. 58–61). Bern/Stuttgart: Huber.

Ferenczi, S. (1925/1964). Zur Psychoanalyse von Sexualgewohnheiten. In ders., *Bausteine zur Psychoanalyse. Band III: Arbeiten aus den Jahren 1908–1933* (S. 245–293). Bern/Stuttgart: Huber.

Fischer, G. & Hammel, A. (2000). Trauer und Melancholie: Vom Neurose- zum Trauma-Paradigma. In Mauser, W. & Pfeiffer, J. (Hrsg.), *Trauer. Jahrbuch für Literatur und Psychoanalyse*, *22* (S. 53–70). Würzburg: Königshausen & Neumann.

Fogelmann, E. (1995). *Wir waren keine Helden.* Frankfurt a. M./New York: Campus.

Fonagy, P., Gergely, G., Jurist, E. L. & Target, M. (2002/2004). *Affektregulierung, Mentalisierung und die Entwicklung des Selbst.* Stuttgart: Klett.

Frank, C. (2006). Giorgio Morandis »Natura morta«. Überlegungen zum Integrationsprozess. *Psyche – Z Psychoanal.*, *60*(6), 491–514.

Franz, A. (2017). Vorletzte Ruhe. *Die Zeit*, *16*, 31.

Freud, E. L. (Hrsg.). (1960). *Sigmund Freud. Briefe 1873–1939.* Frankfurt a. M.: Fischer.

Freud, E. L. (Hrsg.). (1968). *Sigmund Freud – Brautbriefe.* Frankfurt a. M.: Fischer.

Freud, S. (1895d 1893–95). Studien über Hysterie. In ders., *GW I*, S. 75–312.

Freud, S. (1900a). *Die Traumdeutung.* In ders., *GW II/III.*

Freud, S. (1901b). *Zur Psychopathologie des Alltagslebens. GW IV.*

Freud, S. (1905a 1904). Über Psychotherapie. In ders., *GW V*, S. 13–26.

Freud, S. (1905b [ca. 1895–98]). Psychische Behandlung (Seelenbehandlung). In ders., *GW V*, S. 287–315.

Freud, S. (1905c). *Der Witz und seine Beziehung zum Unbewußten, GW VI.*

Freud, S. (1905d). Drei Abhandlungen zur Sexualtheorie. In ders., *GW V*, S. 27, 33–145.
Freud, S. (1905e 1901). Bruchstück einer Hysterieanalyse. In ders., *GW V*, S. 161–286.
Freud, S. (1908e). Der Dichter und das Phantasieren. In ders., *GW VII*, S. 213–223.
Freud, S. (1909d). Bemerkungen über einen Fall von Zwangsneurose. In ders., *GW VII*, S. 379–463.
Freud, S. (1910a [1909]). Über Psychoanalyse. In ders., *GW VIII*, S. 1–60.
Freud, S. (1910e). Über den Gegensinn der Urworte. In ders., *GW VIII*, S. 214–221.
Freud, S. (1912–13a). *Totem und Tabu. GW IX.*
Freud, S. (1913c). Zur Einleitung der Behandlung. In ders., *GW VIII*, S. 454–478.
Freud, S. (1914c). Zur Einführung des Narzissmus. In ders., *GW X*, S. 137–170.
Freud, S. (1914g). Erinnern, Wiederholen und Durcharbeiten. In ders., *GW X*, S. 126–136.
Freud, S. (1915b). Zeitgemäßes über Krieg und Tod. In ders., *GW X*, S. 324–355.
Freud, S. (1915e). Das Unbewußte. In ders., *GW X*, S. 264–303.
Freud, S. (1916a 1915). Vergänglichkeit. In ders., *GW X*, S. 358–361.
Freud, S. (1916–17a 1915–17). *Vorlesungen zur Einführung in die Psychoanalyse. GW XI.*
Freud, S. (1916–17g 1915). Trauer und Melancholie. In ders., *GW X*, S. 428–446.
Freud, S. (1920g). Jenseits des Lustprinzips. In ders., *GW XIII*, S. 1–69.
Freud, S. (1921c). Massenpsychologie und Ich-Analyse. In ders., *GW XIII*, S. 71–161.
Freud, S. (1925f). Geleitwort zu: Aichhorn, August (1925): Verwahrloste Jugend. In ders., *GW XIV*, S. 565–567.
Freud, S. (1926d). Hemmung, Symptom und Angst. In ders., *GW XIV*, S. 111–205.
Freud, S. (1927c). Die Zukunft einer Illusion. In ders., *GW XIV*, S. 325–380.
Freud, S. (1927d). Der Humor. In ders., *GW XIV*, S. 383–389.
Freud, S. (1930a). Das Unbehagen in der Kultur. In ders., *GW XIV*, S. 419–506.
Freud, S. (1937c). Die endliche und die unendliche Analyse. In ders., *GW XVI*, S. 59–99.
Freud, S. (1940a 1938). Abriß der Psychoanalyse. In ders., *GW XVI*, S. 59–99.
Freud, S. (1950c 1895). Entwurf einer Psychologie. In ders., *GW Nachtragsband*, S. 387–477.
Freud, S. (1985/1986). *Briefe an Wilhelm Fließ 1887–1904.* Frankfurt a. M.: Fischer.
Freud, S. & Abraham, K. (1965). *Briefe 1907–1926.* Frankfurt a. M.: Fischer.
Freud, S. & Andreas-Salome, L. (1966). *Briefwechsel.* Frankfurt a. M.: Fischer.
Freud, S. & Binswanger, L. (1992). *Briefwechsel 1908–1938.* Frankfurt a. M.: Fischer.
Freud, S. & Pfister, O. (1963). *Briefe 1909–1939.* Frankfurt a. M.. Fischer.
Frick, E. (2014). Wohin dreht der »Spiritual Turn«? In Frick, E. & Hamburger, A. (Hrsg.), *Freuds Religionskritik und der »Spiritual Turn«* (S. 19–33). Stuttgart: Kohlhammer.

Fried, E. (1995). *Gedichte.* München: dtv.

Frings, W. (1996). *Humor in der Psychoanalyse.* Stuttgart/Berlin/Köln: Kohlhammer.

Frings, W. (2000). Humor. In Mertens, W. & Waldvogel, B. (Hrsg.), *Handbuch psychoanalytischer Grundbegriffe* (S. 293–296). Stuttgart/Berlin/Köln: Kohlhammer.

Gast, L. (2006). »Mensch ist der, der grenzenlos verliert …« Zur (Psycho-)Logik des Verlustes. *Jahrbuch der Psychoanalyse, 52*, 169–186.

Genazino, W. (2004). *Der gedehnte Blick.* München/Wien: Hanser.

Gerisch, B. (2005). »Nicht dich habe ich verloren, sondern die Welt«. Leidenschaft und Obsession bei suizidalen Frauen. *Psyche – Z Psychoanal., 59*(9), 918–943.

Gerisch, B. (2012). *Suizidalität.* Gießen: Psychosozial-Verlag.

Giovacchini, P. L. (1967). The frozen Introject. *International Journal Psycho-Anaysis, 48*, 61–67.

Green, A. (1993). Die tote Mutter. *Psyche – Z Psychoanal., 47*(3), 205–240.

Grotjahn, M. (1957/1974). *Vom Sinn des Lachens. Psychoanalytische Betrachtungen über den Witz, den Humor und das Komische.* München: Kindler.

Gruen, A. (2006). *»Ich will eine Welt ohne Kriege.«* Stuttgart: Klett.

Grünberg, K. (1995). Versöhnung über Auschwitz. In Holm-Hodulla, R. (Hrsg.), *Vom Gebrauch der Psychoanalyse heute und morgen. Tagungsband der DPV-Frühjahrstagung* (S. 97–106). Heidelberg: Selbstverlag.

Haas, E. (1996). Armierte Trauer. Camus' »Der Fremde« – Fremdenhass. *Zeitschrift für psychoanalytische Theorie und Praxis, XI*, 66–80.

Haas, E. (2002). *… und Freud hatte doch recht. Die Entstehung der Kultur durch Transformation der Gewalt.* Gießen: Psychosozial-Verlag.

Haas, E. (2003). Gewalt – Trauer – Kultur: Der Streit des Ackermanns mit dem Tod und andere Duelle. In Mauser, W. & Pfeiffer, J. (Hrsg.), *Trauer. Jahrbuch für Literatur und Psychoanalyse, 22* (S. 109–125). Würzburg: Königshausen und Neumann.

Haas, E. (2006). Melancholische Arbeit. *Psyche – Z Psychoanal., 60*(4), 349–369.

Haesler, L. (1985). Zur Psychodynamik der Anniversary Reactions. *Jahrbuch der Psychoanalyse, 17*, 211–266.

Hagman, G. (1995). Mourning: A review and reconsideration. *International Journal Psycho-Analysis., 76*, 909–925.

Hagman, G. (1996). The role of the other in mourning. *Psychoanalytic Quarterly, 65*, 327–352.

Hanke, M. (2006). Der Umgang mit dem Tod: Warum wir trauern. *Psychologie heute, 33*(4), 45–51.

Hau, S. (2005). Kreativität und Depression. Ein ausgewähltes psychoanalytisch-klinisches Konzept der Depression. In Hau, S., Busch, H.-J. & Deserno, H. (Hrsg.), *Depression zwischen Lebensgefühl und Krankheit* (S. 46–98). Göttingen: Vandenhoeck & Ruprecht.

Hau, S., Busch, H.-J. & Deserno, H. (Hrsg.). (2005). *Depression zwischen Lebensgefühl und Krankheit.* Göttingen: Vandenhoeck & Ruprecht.

Haubl, R. (2005). Sozialpsychologie der Depression. In Leuzinger-Bohleber, M., Hau, S. & Deserno, H. (Hrsg.), *Depression – Pluralismus in Praxis und Forschung* (S. 291–319). Göttingen: Vandenhoeck & Ruprecht.

Haubl, R. (2015). Ruhestand in der Arbeitsgesellschaft. *Psychotherapie im Alter*, *12*, 295–307.

Hauschildt, E. (1993). Was ist ein Ritual? *Wege zum Menschen*, *45*, 24–35.

Haynal, A. (1976). Über Depression, Langeweile und Gewalt. *Jahrbuch der Psychoanalyse*, *IX*, 90–109.

Haynal, A. (1978). Some reflections on depressive affect. *International Journal Psycho-Analysis*, *59*, 165–171.

Hell, D. (1994). *Welchen Sinn macht Depression?* Reinbek: Rowohlt.

Hell, D. (2006). *Welchen Sinn macht Depression?* (veränd. Neuaufl.). Reinbek: Rowohlt.

Henseler, H. (1974). *Narzisstische Krisen. Zur Psychodynamik des Selbstmords.* Reinbek: Rowohlt.

Henseler, H. (1995). *Religion – Illusion? Eine psychoanalytische Deutung.* Göttingen: Steidl.

Hesse, H. (1961). *Stufen. Alte und neue Gedichte*. Frankfurt: Suhrkamp.

Hilgard, J. R. (1953). Anniversary reactions in parents precipitated by children. *Psychiatry*, *16*, 73–80.

Hinterhuber, H., Scheuer, M. & van Heyster, P. (Hrsg.). (2006). *Der Mensch in seiner Klage. Anmerkungen aus Theologie und Psychiatrie.* Innsbruck/Wien: Tyrolia.

Hirsch, M. (2006). Über das Weinen beim Hören der Matthäuspassion. In Hirsch, M. (Hrsg.), *Das Kindesopfer* (S. 183–217). Gießen: Psychosozial-Verlag.

Hirschberger, J. (1961). *Kleine Philosophiegeschichte.* Freiburg i. Br.: Herder.

Huch, R. (1944). *Herbstfeuer*. Leipzig: Insel.

Jacobson, E. (1977). *Depression. Eine vergleichende Untersuchung normaler, neurotischer und psychotischer Zustände.* Frankfurt a. M.: Suhrkamp.

Jones, E. (1962). *Leben und Werk von Sigmund Freud. Bd. III* (1919–1939). Bern/Stuttgart: Huber.

Junkers, G. (2008). »Wenn ich bin, ist der Tod nicht; wenn der Tod ist, bin ich nicht« – Gedanken zur Psychodynamik, Übertragung und Gegenübertragung angesichts des Todes. *Psychotherapie im Alter*, *5*, 169–181.

Junkers, G. (2013). *Die leere Couch. Der Abschied von der Arbeit als Psychoanalytiker.* Gießen: Psychosozial-Verlag.

Kaléko, M. (1945/1980). *Verse für Zeitgenossen.* Reinbek: Rowohlt.

Kapfhammer, H. P. (2006). Klage, Jammern, Anklage. Unterschiedliche Formen psychopathologischer Befindlichkeit. In Hinterhuber, H., Scheurer, M. & van Heyster, P. (Hrsg.), *Der Mensch in seiner Klage. Anmerkungen aus Theologie und Psychiatrie* (S. 21–41). Innsbruck: Tyrolia.

Kast, V. (1998). *Loslassen und sich selber finden. Die Ablösung von den Kindern.* Freiburg i. Br.: Herder.

Kast, V. (1999). *Trauern. Phasen und Chancen des psychischen Prozesses.* Stuttgart: Kreuz.

Kaufmann, R. (2004). *Mediabiz TV60 produziert Kaufmanns »Marias letzte Reise«*. www.mediabiz.de/film/news/tv60-produziert-marias-letzte-reise/161612 (06.02.2019).

Kernberg, O. (1999). Trauer und Melancholie – 80 Jahre später. *Forum der Psychoanalyse*, *15*, 304–311.

Khan, M. (1963/1977). Das kumulative Trauma. In ders., *Selbsterfahrung in der Therapie. Theorie und Praxis* (S. 50–70). München: Kindler.

Kipp, J. (2013). Trauer als Möglichkeit, nach Verlusten nicht depressiv zu werden. Eine psychoanalytische Perspektive. *Psychotherapie im Alter*, *10*, 477–489.

Klauber, J. (1980). *Schwierigkeiten in der analytischen Begegnung.* Frankfurt a.M.: Suhrkamp.

Klausmeier, R. (1986). Der Mythos von Orpheus: Versuch einer psychoanalytischen Interpretation. *Jahrbuch der Psychoanalyse*, *18*, 177–194.

Klein, M. (1940/1972). Die Trauer und ihre Beziehung zu den manisch-depressiven Zuständen. In dies., *Das Seelenleben des Kleinkindes* (S. 74–100). Reinbek: Rowohlt.

Kluge, F. (1999). *Etymologisches Wörterbuch der deutschen Sprache.* Berlin: de Gruyter.

Kluge, F. & Götze, A. (1951). *Etymologisches Wörterbuch der deutschen Sprache.* Berlin: de Gruyter.

Kogan, I. (1991). Die Entwicklung der Fähigkeit, Schmerz zu erleiden. *Zeitschrift für psychoanalytische Theorie und Praxis*, *6*, 62–78.

Kogan, I. (1998). *Der Stumme Schrei der Kinder. Die zweite Generation der Holocaust-Opfer.* Frankfurt a.M.: Fischer.

Kogan, I. (2011). *Mit der Trauer kämpfen. Schmerz und Trauer in der Psychotherapie traumatisierter Menschen.* Stuttgart: Klett-Cotta.

Kohut, H. (1975). *Die Zukunft der Psychoanalyse.* Frankfurt a.M.: Suhrkamp.

Kolakowski, L. (1977). *Leben trotz Geschichte.* München: Piper.

Krause, R. (2014). Affekt, Emotion, Gefühl. In Mertens, W. & Waldvogel, B. (Hrsg.), *Handbuch psychoanalytischer Grundbegriffe* (4. Aufl.; S. 37–45). Stuttgart: Kohlhammer.

Kreuzer-Haustein, U. (2009). Die Realität des Verlusts. In Wellendorf, F. & Wesle, T. (Hrsg.), *Über die (Un)Möglichkeit zu trauern* (S. 37–55). Stuttgart: Klett.

Kriebel, R. (2015). Wunsch nach längerer Lebensarbeitszeit oder nach vorzeitigem Ruhestand. Optionen im Alter. *Psychotherapie im Alter, 12,* 341–355.

Küchenhoff, J. (1991). Eine Krypta im Ich. *Forum Psychoanalyse*, *7*, 31–46.

Küchenhoff, J. (1996a). Trauer, Melancholie und das Schicksal der Objektbeziehungen. Eine Relektüre von S. Freuds »Trauer und Melancholie«. In *Jahrbuch der Psychoanalyse*, *36*, 90–117.

Küchenhoff, J. (1999). Verlorenes Objekt, Trennung und Anerkennung. Zur Fundierung psychoanalytischer Psychotherapie und psychoanalytischer Ethik in der Trennungserfahrung. *Forum Psychoanalyse*, *15*, 189–203.

Küchenhoff, J. (Hrsg.). (1999). *Selbstzerstörung und Selbstfürsorge*. Gießen: Psychosozial-Verlag.

Küchenhoff, J. (2004). Verlust des Selbst, Verlust des Anderen. *Psyche – Z Psychoanal.*, *58*(9), 810–835.

Küchenhoff, J. (2011). Zu den Bedingungen gelingender Trauer. *Psychotherapie-Wissenschaft*, *1*(2), 111–116. https://www.psychotherapie-wissenschaft.info/index.php/psywis/article/view/229/422 (06.02.2019).

Küchenhoff, J. (2017). *Depression*. Gießen: Psychosozial-Verlag.

Kütemeyer, M. & Schultz, U. (1989). Frühe psychoanalytische Schmerzauffassungen. *Zeitschrift für Psychotherapie & medizinische Psychologie*, *39*, 185–192.

Kuiper, P.C. (1968). *Die seelischen Krankheiten des Menschen. Psychoanalytische Neurosenlehre*. Bern/Stuttgart: Huber/Klett.

Kuiper, P.C. (1991). *Seelenfinsternis. Die Depression eines Psychiaters*. Frankfurt a.M.: Fischer.

Lammers, C.-H. (2017). Die therapeutische Beziehung in der Verhaltenstherapie. *Psychotherapeutenjournal*, *16*, 324–330.

Landauer, K. (1925). Äquivalente der Trauer. Vortrag auf der 1. Deutschen Zusammenkunft für Psychoanalyse in Würzburg, Oktober 1925. *Internationale Zeitschrift für Psychoanalyse*, *11*, 194–205.

Lang, H. (1973). *Die Sprache und das Unbewusste*. Frankfurt a.M.: Suhrkamp.

Langenhorst, G. (2000). *Trösten lernen? Profil, Geschichte und Praxis von Trost als diakonischer Lehr- und Lernprozess*. Ostfildern: Schwabenverlag.

Laplanche, J. & Pontalis, J.-B. (1972). *Das Vokabular der Psychoanalyse*. Frankfurt a.M.: Suhrkamp.

Laub, D. (2000). Eros oder Thanatos? Der Kampf um die Erzählbarkeit des Traumas. *Psyche – Z Psychoanal.*, *54*(9), 860–894.

Leiris, A. (2016). *Meinen Hass bekommt ihr nicht*. München: Blanvalet.

Lemma, A. (2000). *Humour on the Couch. Exploring Humour in Psychotherapy and everyday life*. London/Philadelphia: Whurr Publishers.

Lerner, G. (1979). *Ein eigener Tod. Schlüssel zum Leben*. Düsseldorf: Böhme & Erb.

Leupold-Löwenthal, H. (1981). Die Beendigung der psychoanalytischen Behandlung. *Jb. d. Psychoanal.*, *12*, 192–203.

Leuzinger-Bohleber, M. (2005a). Depression – Pluralität in Praxis und Forschung. In Leuzinger-Bohleber, M., Hau, S. & Deserno, H. (Hrsg.), *Depression – Pluralismus in Praxis und Forschung* (S. 13–61). Göttingen: Vandenhoeck & Ruprecht.

Leuzinger-Bohleber, M. (2005b). Chronifizierende Depressionen. Eine Indikation für Psychoanalyse und psychoanalytische Langzeitbehandlungen. *Psyche – Z Psychoanal.*, *59*(9), 789–815.

Leuzinger-Bohleber, M. (2005c). Depressionsforschung zwischen Verweigerung und Anpassung. In Hau, S., Busch, H.-J. & Deserno, H. (Hrsg.),

Depression zwischen Lebensgefühl und Krankheit (S. 11–45). Göttingen: Vandenhoeck & Ruprecht.

Leuzinger-Bohleber, M. (2006). Persönlichkeitsstörungen und Depression. Schulenübergreifende Dialoge und Kontroversen. In Springer, A., Gerlach, A. & Schlösser, A.-M. (Hrsg.), *Störungen der Persönlichkeit* (S. 15–52). Gießen: Psychosozial-Verlag.

Leuzinger-Bohleber, M., Stuhr, U., Rüger, B. & Beutel, M. (2001). Langzeitwirkungen von Psychoanalysen und Psychotherapien. Eine multiperspektivistische, repräsentative Katamnesestudie. *Psyche – Z Psychoanal., 55*(3), 193–276.

Leuzinger-Bohleber, M., Hau, S. & Deserno, H. (Hrsg.). (2005). *Depression – Pluralismus in Praxis und Forschung.* Göttingen: Vandenhoeck & Ruprecht.

Levi, P. (1986/1993). *Die Untergegangenen und die Geretteten.* München: dtv.

Liebsch, B. (2004). Das Selbst im Zeichen des Abschieds vom Anderen. Jenseits normaler und pathologischer Trauer. In *Psyche – Z Psychoanal., 58*(9), 953–979.

Liebsch, B. (2006). *Revisionen der Trauer. In philosophischen, geschichtlichen, psychoanalytischen und ästhetischen Perspektiven.* Weilerswist: Velbrück Wissenschaft.

Lifton, R. J. (1986). *Der Verlust des Todes.* München: Hanser.

Lindemann, E. (1979/1985). *Jenseits von Trauer. Beiträge zur Krisenbewältigung und Krankheitsvorbeugung.* Göttingen: Vandenhoeck & Ruprecht.

Lindner, V. (2002). Alltagssymbole. In Ruff, W. (Hrsg.), *Religiöses Erleben verstehen* (S. 27–47). Göttingen: Vandenhoeck & Ruprecht.

Lindgren, A. (1974). *Die Brüder Löwenherz.* Hamburg: Oetinger.

Loch, W. (1975). *Über Begriffe und Methoden der Psychoanalyse.* Bern/Wien: Huber.

Loewald, H. W. (1980). *Psychoanalyse. Aufsätze aus den Jahren 1951–1979.* Stuttgart: Klett-Cotta.

Loewald, H. W. (1988). Termination analyzable and unanalyzable. *Psychoanal. Std. Child, 43*, 155–166.

Luft, H. (2003). Psychoanalyse in reiferen Jahren. Fakten und Thesen. *Psyche – Z Psychoanal., 57*(7), 585–611.

Luft, H. (2015). *Die Kunst, dem Alter zu begegnen. Psychoanalytische Erkundungen.* Frankfurt a. M.: Brandes & Apsel.

Mahler, M. S. (1972). On the first three subphases of the separation-individuation process. *International Journal Psycho-Analysis, 53*, 333–338.

Matakas, F. & Rohrbach, E. (2005). Zur Psychodynamik der schweren Depression und die therapeutischen Konsequenzen. *Psyche – Z Psychoanal., 59*(9), 892–917.

Mauser, W. & Pfeiffer, J. (Hrsg.). (2003). *Trauer. Jahrbuch für Literatur und Psychoanalyse, 22.* Würzburg: Königshausen und Neumann.

Meerwein, F. (1980). Trauer und Trost in der Psychoanalyse. In Böckle, F., Kaufmann, F.-X., Rahner, K. & Welte, B. (Hrsg.), *Christlicher Glaube in moderner Gesellschaft. Bd. 10* (S. 119–126). Freiburg i.Br.: Herder.

Menninger, K. (1982). Diskussionsbeitrag. In Litman, R.E. (Hrsg.), *Psychoanalysis in the Americas* (S. 168–170). New York: International Universities Press.

Mentzos, S. (2001). *Depression und Manie. Psychodynamik und Therapie affektiver Störungen.* Göttingen: Vandenhoeck & Ruprecht.

Mentzos, S. (2006). Psychoanalytisch orientierte Psychodynamik und Therapie der Depression. In Willenberg, H. & Schmidt, M. (Hrsg.), *Die vielen Gesichter der Depression. Trauer und Melancholie. Tagungsband der DPV-Frühjahrstagung* (S. 152–162). Frankfurt a.M.: Selbstverlag.

Mertens, W. (1991). *Einführung in die psychoanalytische Therapie. Bd. 3.* Stuttgart: Kohlhammer.

Mezger, W. (1999). *Das große Buch der schwäbisch-alemannischen Fasnet.* Stuttgart: Theiss.

Mitscherlich, A. (1975). *Der Kampf um die Erinnerung. Psychoanalyse für fortgeschrittene Anfänger.* München: Piper.

Mitscherlich, A. & Mitscherlich, M. (1967/1977). *Die Unfähigkeit zu trauern.* München: Piper.

Mitscherlich, M. (1987). *Erinnerungsarbeit. Zur Psychoanalyse der Unfähigkeit zu trauern.* Frankfurt a.M.: Fischer.

Mitscherlich, M. (2010). *Die Radikalität des Alters.* Frankfurt a.M.: Fischer.

Moore, B.E. & Fine, B.D. (Hrsg.). (1990). *Psychoanalytic terms and concepts.* New Haven/London: University Press.

Muensterberger, W. (1967). Der schöpferische Vorgang. *Jahrbuch Psychoanalyse, 4*, 11–42.

Niederland, W.G. (1980). *Folgen der Verfolgung. Das Überlebendensyndrom.* Frankfurt a.M.: Suhrkamp.

Novick, J. (1982). Terminations. Theories and issues. *Psychoanal. Inq., 2*, 329–365.

Parens, H. (2001). We all mourn: *C'est la condition humaine.* In Akhtar, S. (Hrsg.), *Three faces of mourning. Melancholia, Manic Defense, and moving on* (S. 1–11). Northvale: Jason Aronson.

Peters, M. (2015). Ältere Arbeitnehmer in der neuen Arbeitswelt. *Psychotherapie im Alter, 12*, 325–339.

Peters, M. & Kipp, J. (Hrsg.). (2002). *Zwischen Abschied und Neubeginn. Entwicklungskrisen im Alter.* Gießen: Psychosozial-Verlag.

Petri, H. (1998). Trennungsschmerz. In Schultz, H.J. (Hrsg.), *Schmerz. Dimensionen einer Empfindung* (S. 27–42). Freiburg i.Br.: Herder.

Pfeifer, W. (Hrsg.). (1995). *Etymologisches Wörterbuch des Deutschen.* München: dtv.

Pflichthofer, D. (2017). *Trennungen.* Gießen: Psychosozial-Verlag.

Pflüger, P.M. (1991). Vorwort. In ders. (Hrsg.), *Abschiedlich leben. Umsiedeln – entwurzeln – Identität suchen* (S. 7–8). Olten: Walter Verlag.

Philipe, A. (1963/1964). *Nur einen Seufzer lang.* Reinbek: Rowohlt.

Pollock, G.H. (1961). Mourning and Adaptation. *International Journal Psycho-Analysis, 42*, 341–361.

Pollock, G.H. (1977). The Mourning Process and Creative Organizational Change. *J. Amer. Psychoanal. Assn.*, *25*, 3–34.

Pollock, G.H. (1978). Process and affect: Mourning and grief. *International Journal Psycho-Analysis*, *59*, 255–276.

Pollock, G.H. (1989). The mourning-liberation-process. Madison CT: International University Press.

Pollock, G.H. (2006). On aging and psychopathology. In Junkers, G. (Hrsg.), *Is it too late? Key papers on Psychoanalysis and Aging* (S. 53–64). London: Karnac.

Proust, M. (1913/1927). *À la recherche du temps perdu.* Paris: Gallimard.

Quindeau, I. (2005). Weiblichkeit und Depression – ein psychodynamischer Erklärungsversuch. In Hau, S., Busch, H.-J. & Deserno, H. (Hrsg.), *Depression zwischen Lebensgefühl und Krankheit* (S. 125–143). Göttingen: Vandenhoeck & Ruprecht.

Quinodoz, D. (2012). *Älterwerden – Eine Entdeckungsreise.* Gießen: Psychosozial-Verlag.

Radebold, H. (1998). Körperliche Krankheiten Alternder und ihre innerpsychische Bedeutung. In Teising, M. (Hrsg.), *Altern: Äußere Realität, innere Wirklichkeit* (S. 141–154). Opladen/Wiesbaden: Westdeutscher Verlag.

Radinger, E.H. (2017). *Die Weisheit der Wölfe.* München: Ludwig Verlag.

Radó, S. (1927). Das Problem der Melancholie. Vortrag auf dem X. Internationalen Psychoanalytischen Kongress zu Innsbruck am 1. September 1927. *Internationale Zeitschrift für Psychoanalyse*, *13*, 439–455.

Rehberger, R. (2004). *Angst zu trauern. Trauerabwehr in Bindungstheorie und psychotherapeutischer Praxis.* Stuttgart: Pfeiffer.

Reik, T. (1940/41/1983). *Aus Leiden Freuden. Masochismus und Gesellschaft.* Frankfurt a.M.: Fischer.

Reik, T. (1948/1976). *Hören mit dem dritten Ohr.* Hamburg: Hoffmann & Campe.

Richter, H.E. (1992). Erinnerungsarbeit und Zukunftserwartung der Deutschen. In Hardtmann, G. (Hrsg.), *Spuren der Verfolgung* (S. 222–234). Gerlingen: Bleicher.

Rickmann, J. (1950). On the criteria for the termination of an analysis. *Int. J. Psychoanal.*, *31*, 200–201.

Ricoeur, P. (1965/1969). *Die Interpretation. Ein Versuch über Freud.* Frankfurt a.M.: Suhrkamp.

Rieber-Hunscha, I. (1996). *Zerreißproben. Zwischen Ausbildung und Praxis der psychoanalytischen Therapie.* Gießen: Psychosozial-Verlag.

Robbins, W.S. (1975). Termination: Problems and techniques. *J. Amer. Psychanal. Assn.*, *23*, 166–176.

Rodman, F.R. (1979). *Den Tod vor Augen. Ein Psychotherapeut begleitet das Sterben seiner krebskranken Frau.* Düsseldorf: Patmos.

Rodman, F.R. (1987). *The spontaneous gesture. Selected letters of D.W. Winnicott.* Cambridge/London: Harvard University Press.

Rosemeier, H.P. (1984). Zur Psychologie der Begegnung des Kindes mit dem Tode. In Winau, R. & Rosemeier, H.P. (Hrsg.), *Tod und Sterben* (S. 291–309). Berlin/New York: de Gruyter.

Rothmann, J.C. (2002). *Wenn ein Kind gestorben ist: Trauerbegleiter für verwaiste Eltern*. Freiburg: Herder.

Rottmann, M. (2017). Wir spielen Beerdigung. Bausätze mit Legosteinen sollen es Kindern leichter machen, über den Tod zu sprechen. *Aachener Kirchenzeitung*, *72*(44), 28.

Rudolf, G., Grande, T., Dilg, G. et al. (2001). Strukturelle Veränderungen in psychoanalytischen Behandlungen. Zur Praxisstudie analytischer Langzeittherapien (PAL). In Stuhr, M., Leuzinger-Bohleber, M. & Beutel, M. (Hrsg.), *Langzeit-Psychotherapie. Perspektiven für Psychotherapeuten und Wissenschaftler* (S. 238–259). Stuttgart: Kohlhammer.

Ruffler, G. (1958). Kriterien für die Beendigung der psychoanalytischen Behandlung I & II. *Psyche – Z Psychoanal.*, *12*(2 & 3), 88–123 & 211–232.

Sandell, R., Blomberg, J., Lazar, A. et al. (2000). Unterschiedliche Langzeitergebnisse von Psychoanalysen und Langzeitpsychotherapien. *Psyche – Z Psychoanal.*, *55*(3), 278–310.

Schachter, J. (1992). Concepts of termination and post-termination patient-analyst contact. *Int. J. Psychoanal.*, *73*, 137–154.

Schafer, R. (1972). Die psychoanalytische Anschauung der Realität I & II. *Psyche – Z Psychoanal.*, *26*(9 & 10), 881–898 & 952–973.

Schischkoff, G. (Hrsg.). (1991). *Philosophisches Wörterbuch*. Stuttgart: Kröner.

Schlesinger, H. (2001). Technical problems in analyzing the mourning patient. In Akhtar, S. (Hrsg.), *Three faces of mourning. Melancholia, Manic Defense, and moving on* (S. 115–139). Northvale: Jason Aronson.

Schmidbauer, W. (1977). *Die hilflosen Helfer. Über die seelische Problematik der helfenden Berufe*. Reinbek: Rowohlt.

Schoenhals, H. (2004). Angstneurose heute. In Dreher, A., Juszcak, M. & Schmidt, M. (Hrsg.), *Theorie und Klinik der Angst. Tagungsband der DPV–Herbsttagung der DPV* (S. 61–98). Bad Homburg: Selbstverlag.

Schraivogel, P. (1999). Die zukünftigen Chancen der psychoanalytischen Psychotherapie in Stuttgart und in Tübingen. *DPV-Informationen*, *27*, 10–15.

Schröder, S. & Hößler, K. (1996). »Ich will euch trösten, wie einen seine Mutter tröstet«. Überlegungen zum Trost durch Musik. *Jahrbuch der Psychoanalyse*, *36*, 121–159.

Schur, M. (1972/1973). *Sigmund Freud. Leben und Sterben*. Frankfurt a.M.: Suhrkamp.

Schweiggl, K. (2005). *Schweig nicht zu meinen Tränen. Begleitung auf dem Weg der Trauer*. Innsbruck/Wien: Tyrolia.

Segal, H. (1991/1996). *Traum, Phantasie und Kunst*. Stuttgart: Klett.

Shane, M. & Shane, E. (1984). The end phase of analysis: Indicators, functions, and tasks of termination. *J. Amer. Psychoanal. Assn.*, *32*, 739–772.

Shatan, C.F. (1983). Militarisierte Trauer und Rachezeremoniell. In Passet, P. & Modena, E. (Hrsg.), *Krieg und Frieden aus psychoanalytischer Sicht* (S. 220–249). Frankfurt a.M.: Stroemfeld/Roter Stern.

Simmel, E. (Hrsg.). (1946/1993). *Antisemitismus*. Frankfurt a. M.: Fischer.

Singletary, W. (2001). Changing hateful feelings back to loving feelings: The work of child analysis. In Akhtar, S. (Hrsg.), *Three faces of mourning. Melancholia, Manic Defense, and moving on* (S. 143–156). Northvale: Jason Aronson.

Sörries, R. (2016). *Ein letzter Gruß. Die neue Vielfalt der Bestattungs- und Trauerkultur*. Kevelaer: Butzon & Bercker.

Spiegel, Y. (1973). *Der Prozess des Trauerns. Analyse und Beratung*. München: Kaiser Grünewald.

Spitz, R. (1954/1973). *Die Entstehung der ersten Objektbeziehungen*. Stuttgart: Klett.

Spitz, R. (1965/1976). *Vom Säugling zum Kleinkind*. Stuttgart: Klett.

Steiner, G. (2006). *Warum Denken traurig macht. Zehn (mögliche) Gründe*. Frankfurt a. M.: Suhrkamp.

Stierlin, H. (1971). *Das Tun des Einen ist das Tun des Anderen*. Frankfurt a. M.: Suhrkamp.

Stingl, R. (1992). *Auf der Couch. Frauen und Männer berichten von ihrer Analyse*. Frankfurt a. M./New York: Campus.

Strasser, P. (2003). Trauer versus Melancholie aus psychoanalytischer Sicht. In Mauser, W. & Pfeiffer, J. (Hrsg.), *Trauer. Jahrbuch für Literatur und Psychoanalyse*, *22* (S. 35–52). Würzburg: Königshausen & Neumann.

Stubbe, H. (1985). *Formen der Trauer. Eine kulturanthropologische Untersuchung*. Berlin: Dietrich Reimer Verlag.

Student, J.-C. (2004). *Sterben, Tod und Trauer. Handbuch für Begleitende*. Freiburg i.Br.: Herder.

Süssmuth, R. (1994). Erinnern im politischen Alltag. In Benz, W. & Distel, B. (Hrsg.), *Erinnern oder Verweigern. Dachauer Hefte*, *6* (S. 3–11). München: dtv.

Taylor, D. (2005). Klinische Probleme chronischer, refraktärer oder »behandlungsresistenter« Depression. *Psyche – Z Psychoanal.*, *59*(9), 843–863.

Teising, M. (2017). Trennungen und Kränkungen, Abschied und Aufbruch. In Küchenhoff, J. & Pietzcker, C. (Hrsg.), *Altern. Jahrbuch für Literatur und Psychoanalyse*, *36* (S. 21–31). Würzburg: Königshausen und Neumann.

Thielicke, H. (1974). *Das Lachen der Heiligen und Narren*. Freiburg i.Br.: Herder.

Titze, M. & Eschenröder, C. T. (1998). *Therapeutischer Humor. Grundlagen und Anwendungen*. Frankfurt a. M.: Fischer.

Torok, M. (1983). Trauerkrankheit und Phantasma des »Cadavre exquis«. *Psyche – Z Psychoanal.*, *37*(6), 497–519.

van Heyster, P. (2006). Am Anfang sucht die Trauer keinen Trost. In Hinterhuber, H., Scheurer, M. & van Heyster, P. (Hrsg.), *Der Mensch in seiner Klage. Anmerkungen aus Theologie und Psychiatrie* (S. 86–95). Innsbruck: Tyrolia.

Viorst, J. (1982). Experiences of loss at the end of analysis: The analyst's response to termination. *Psychoanalytic Inquiry*, *2*, 399–418.

Vogt, R. (2000). Der Tod von Paul Celan. *Psyche – Z Psychoanal.*, *54*(9), 1038–1063.

Volkan, V. (1972). The »linking objects« of pathological mourning. *Archives of General Psychiatry*, *27*, 215–221.

Volkan, V. (1981). *Linking objects and linking phenomena: A study of the forms, symptoms, metapsychology and therapy of complicated mourning.* New York: University Press.

Volkan, V. (1997). *Blutsgrenzen. Die historischen Wurzeln und die psychischen Mechanismen ethnischer Konflikte und ihre Bedeutung bei Friedensverhandlungen.* Bern/München/Wien: Scherz.

Volkan, V. (1999). *Das Versagen der Diplomatie. Zur Psychoanalyse nationaler, ethnischer und religiöser Konflikte.* Gießen: Psychosozial-Verlag.

Volkan, V. & Ast, G. (1992). *Eine Borderline-Therapie.* Göttingen: Vandenhoeck & Ruprecht.

Volkan, V. & Zintl, E. (1993/2000). *Wege der Trauer. Leben mit Tod und Verlust.* Gießen: Psychosozial-Verlag.

von Naredi-Rainer, P. (2006). Zwischen Stille und Dramatik: Bilder der Klage. In Hinterhuber, H., Scheurer, M. & van Heyster, P. (Hrsg.), *Der Mensch in seiner Klage. Anmerkungen aus Theologie und Psychiatrie* (S. 63–85). Innsbruck: Tyrolia.

Wagner, B. (2013). *Komplizierte Trauer. Grundlagen, Diagnostik und Therapie.* Berlin/Heidelberg: Springer.

Wagner, B. (2016). Wann ist Trauer eine psychische Erkrankung? Trauer als diagnostisches Kriterium in der ICD-11 und im DSM-5. *Psychotherapeutenjournal, 15*, 250–255.

Weigert, E. (1952). Contribution to the problem of terminating psychoanalysis. *Psychoanal. Quarterly, 21*, 465–480.

Weischedel, W. (1976). *Skeptische Ethik.* Frankfurt a. M.: Suhrkamp.

Wellendorf, F. (2009). Verletzbar durch Verlust und Endlichkeit – Trauern und Überleben. In Wellendorf, F. & Wesle, T. (Hrsg.), *Über die (Un)Möglichkeit zu trauern* (S. 21–36). Stuttgart: Klett.

Wellendorf, F. & Wesle, T. (Hrsg.). (2009). *Über die (Un)Möglichkeit zu trauern.* Stuttgart: Klett.

Welte, B. (1980). *Der Tod als Ernstfall der Hoffnung. Gedanken über den Tod.* Freiburg i.Br.: Herder.

Widlöcher, D. (1986). *Die Depression. Logik eines Leidens.* München: Piper.

Wiesel, E. (1962/1980). *Die Nacht. Erinnerung und Zeugnis.* Freiburg i.Br.: Herder.

Will, H. (1994). Zur Phänomenologie der Depression aus psychoanalytischer Sicht. *Psyche – Z Psychoanal.*, *48*(4), 361–385.

Will, H. (2000). Depression. In Mertens, W. & Waldvogel, B. (Hrsg.), *Handbuch psychoanalytischer Grundbegriffe* (S. 127–130). Stuttgart: Kohlhammer.

Will, H. (2002). Depression. In Ahrens, S. & Schneider, W. (Hrsg.), *Lehrbuch der Psychotherapie und psychosomatischen Medizin* (S. 281–294). Stuttgart: Schattauer.

Will, H. (2014). Depression. In Mertens, W. (Hrsg.), *Handbuch psychoanalytischer Grundbegriffe* (4. Aufl.; S. 162–167). Stuttgart: Kohlhammer.

Willi, J. (1975). *Die Zweierbeziehung.* Reinbek: Rowohlt.

Winnicott, D.W. (1958). *Through paediatrics to psychoanalysis.* Collected Papers. London: Tavistock Publications.

Winnicott, D.W. (1963/1986). The Value of Depression. In Winnicott, D.W., *Home is where we start from* (S. 71–79). Harmondsworth: Penguin Books.

Winnicott, D.W. (1965a). *The Maturational Process and the Facilitating Environment.* London: Hogarth Press.

Winnicott, D.W. (1965b). *The family and individual development.* London: Tavistock Publications.

Winnicott, D.W. (1971). *Playing and Reality.* London: Tavistock Publications.

Winnicott, D.W. (1974). *Reifungsprozesse und fördernde Umwelt.* München: Kindler.

Winnicott, D.W. (1984/1990). *Deprivation and Delinquency*. London: Routledge.

Winnicott, D.W. (1986/1989). *Holding and Interpretation*. London: Karnac Books.

Winnicott, D.W. (1988). *Human Nature.* London: Free Association Books.

Winnicott, D.W. (1989). *Psychoanalytic Explorations.* London: Karnac.

Wirth, H.-J. (2001). Das Menschenbild der Psychoanalyse: Kreativer Schöpfer des eigenen Lebens oder Spielball dunkler Triebnatur? In Schlösser, A.-M. & Gerlach, A. (Hrsg.), *Kreativität und Scheitern* (S. 13–40). Gießen: Psychosozial-Verlag.

Wolf, C. (1969). *Nachdenken über Christa T.* Neuwied: Luchterhand.

Wolf, C. (1977). *Kindheitsmuster*. Neuwied: Luchterhand.

Wolf, C. (2002). *Leibhaftig.* Neuwied: Luchterhand.

Yalom, I.D. (2008). *In die Sonne schauen. Wie man die Angst vor dem Tod überwindet.* München: btb.

Zetzel, E. (1970/1974). *Die Fähigkeit zu emotionalem Wachstum.* Stuttgart: Klett.

Zink, J. (1985). *Trauer hat heilende Kraft.* Stuttgart: Kreuz.

Znoj, H. (2004). *Komplizierte Trauer.* Göttingen: Hogrefe.

Znoj, H. (2012). *Trauer und Trauerbewältigung. Psychologische Konzepte im Wandel.* Stuttgart: Kohlhammer.

Joachim Küchenhoff

Depression

2017 · 150 Seiten · Broschur
ISBN 978-3-8379-2705-4

Weltweit leiden etwa 350 Millionen Menschen an einer Depression. Eine gelingende Psychotherapie kann Abhilfe leisten.

Das vorliegende Buch soll dabei helfen, depressiv erlebende Menschen zu verstehen und sie therapeutisch zu unterstützen. Joachim Küchenhoff stellt die wegweisenden psychoanalytisch orientierten Konzepte der Depression von den Anfängen bis heute vor, um im Anschluss eine innovative Typologie depressiver Störungen zu entwickeln: Ausgehend von der These, dass das depressive Erleben mit der Angst vor Beziehungsverlust verbunden ist, werden die Bedingungen der Depression und die spezifischen Ängste depressiver PatientInnen untersucht, um die Grundangst vor Trennung nach ihren psychodynamischen Ursachen zu differenzieren. So lassen sich verschiedene Konstellationen unterscheiden, an denen sich die psychodynamische, aber auch die methodenübergreifende Behandlung der Depression orientieren können.

Anhand praktischer Fallbeispiele werden die therapeutischen Konzepte und Behandlungsempfehlungen verdeutlicht. Am Ende wird eine psychoanalytische Langzeittherapie mit einer depressiv erlebenden Patientin vorgestellt.